Les Allemands dans le Gâtinais

EN 1870

Par le Capitaine LEDENT

> « Un pays ne manque jamais d'hommes pour résister à une invasion ; mais il lui manque souvent des soldats. »
> (NAPOLÉON.)

PARIS

HENRI CHARLES-LAVAUZELLE

Éditeur militaire

10, Rue Danton, Boulevard Saint-Germain, 118

(MÊME MAISON A LIMOGES)

LES ALLEMANDS DANS LE GATINAIS

EN 1870

Les Allemands dans le Gâtinais

EN 1870

Par le Capitaine LEDENT

> « Un pays ne manque jamais d'hommes
> pour résister à une invasion ; mais il
> lui manque souvent des soldats. »
> (NAPOLÉON.)

PARIS

Henri CHARLES-LAVAUZELLE

Éditeur militaire

10, Rue Danton, Boulevard Saint-Germain, 118

(MÊME MAISON A LIMOGES)

ABRÉVIATIONS

1/57	1er bataillon du 57e régiment.
F/16	Bataillon de fusiliers du 16e régiment.
11/79	11e compagnie du 79e régiment.
2e E./1er r.	2e escadron du 1er reiter.
1re/L.	1re batterie lourde.
2e/l.	2e batterie légère.

CARTES NÉCESSAIRES

Au **1/80.000e** : **Fontainebleau** S.-E. — **Orléans** N.-E.
Au **1/200.000e** : **Orléans - Melun.**

AVANT-PROPOS.

Ce travail se divise en trois parties :

1° La cavalerie allemande dans le Gâtinais en 1870 ;

2° La bataille de Beaune-la-Rolande ;

3° Observations et enseignements.

Le but de la 1re partie est de montrer le rôle qui peut être dévolu à une cavalerie de corps d'armée (et incidemment à une division de cavalerie à proximité du corps d'armée, et en quelque sorte rentrée dans les lignes) dans les circonstances particulières de marche à proximité de l'ennemi, de liaison, de reconnaissance, de détachement, de service d'avant-postes et de combat.

Je me suis borné simplement à raconter des faits, n'ayant nullement la prétention de critiquer soit les ordres donnés, soit les procédés d'exécution.

J'ai choisi cet exemple du Xe corps allemand parce qu'il a opéré dans une région où j'ai été longtemps en garnison (au 82e, à Montargis, de 1893 à 1907), région que j'ai fréquemment parcourue en tous sens et que je connais tout particulièrement.

La bataille de Beaune offrait pour les officiers du 82e un intérêt d'autant plus grand qu'ils se trouvaient presque à pied d'œuvre pour l'étude, sur le terrain même, d'une quantité de situations particulières du combat et dont chacun pouvait faire son profit : commandants de peloton, de compagnie, de bataillon et de régiment.

Enfin, dans la 3ᵉ partie, j'ai relaté les observations que m'a suggérées l'étude des faits et des actions diverses du combat lui-même et de ses préliminaires.

J'ai puisé aux sources suivantes :

LEHAUTCOURT. — *L'Armée de la Loire;*
GRENEST. — *L'Armée de la Loire;*
DICK DE LONLAY. — *Français et Allemands;*
ROUSSET. — *Histoire de la guerre de 1870;*
CROUZAT. — *Le 20ᵉ corps à l'armée de la Loire;*
DE CHABOT.—*Stratégie et tactique de la cavalerie allemande en 1870;*
Grand état-major allemand. — *La Guerre de 1870-71.*

Je dois citer tout particulièrement l'ouvrage si complet de Fritz Hönig : *La défense nationale sur la Loire (automne 1870).* C'est l'œuvre la plus complète qui existe sur cette partie de la campagne ; elle renferme une foule de détails et de renseignements que l'on chercherait vainement ailleurs; elle fournit de précieuses indications surtout pour le combat de localité de Beaune, et je dois avouer que sans elle je n'aurais pu donner que des indications beaucoup moins précises, surtout en ce qui concerne les positions des Allemands à Beaune même et dans les villages environnants, et les combats qu'ils y soutinrent.

J'adresse mes plus sincères remerciements à MM. Mittler et fils, à Berlin, les éditeurs de Fritz Hönig, qui m'ont gracieusement autorisé à puiser largement dans l'œuvre de cet historien militaire, facilitant ainsi beaucoup ma tâche dans la relation des événements de cette époque.

A. LEDENT,
Capitaine au 145ᵉ.

Maubeuge, le 25 janvier 1910.

LES ALLEMANDS DANS LE GATINAIS

EN 1870

PREMIÈRE PARTIE

LA CAVALERIE ALLEMANDE DANS LE GATINAIS EN 1870

I

MARCHE DES ALLEMANDS SUR LE GATINAIS

a) Mouvements qui amènent les Allemands dans le Gâtinais.

La région de la Loire moyenne a été, en 1870-71, le théâtre d'action de la IIe armée, commandée par le prince Frédéric-Charles. Cette armée avait été employée au siège de Metz jusqu'à la capitulation de la place le 27 octobre. Elle quitta, le 1er novembre, les environs de Metz et devait se diriger, par Troyes, sur la Loire moyenne. Les IIIe, IXe et X^e corps et la 1re division de cavalerie avaient ordre de marcher vers Bourges, en laissant à Chalon-sur-Saône une force destinée à les relier avec le XIVe corps (Verder), occupé alors contre nos troupes dans la vallée de la Saône. Le IIe corps allait être détaché de la IIe armée pour concourir aux opérations du blocus de Paris.

Le 10 novembre, la IIᵉ armée occupait la ligne Troyes - Chaumont, quand le prince Frédéric-Charles reçut un télégramme de de Moltke lui annonçant la bataille de Coulmiers et lui prescrivant de continuer la marche, mais en obliquant vers le nord-ouest, et en prenant Fontainebleau pour objectif.

Le 11 novembre, le IXᵉ corps et la 1ʳᵉ division de cavalerie se mettaient en marche sur Fontainebleau ; le IIIᵉ était dirigé sur Sens et Nemours, le Xᵉ sur Châtillon-sur-Seine et Joigny.

Le 14 novembre, le IIIᵉ corps était à Sens ; le Xᵉ corps se trouvait à Laignes et Châtillon, entre le canal de Bourgogne et la haute Seine, ayant un détachement en arrière de l'aile gauche et de Chaumont pour surveiller la place de Langres. Ce détachement, sous les ordres du général von Kraatz-Koschlau, commandant la 20ᵉ division, comprenait la 40ᵉ brigade d'infanterie, les 2ᵉ et 4ᵉ escadrons du 16ᵉ dragons, la 4ᵉ batterie lourde et la 4ᵉ batterie légère.

Le Xᵉ corps (général von Voigts-Rhetz), n'ayant qu'une seule route à sa disposition, marchait en trois échelons :

1ᵉʳ échelon : 38ᵉ brigade (Wedell), avec le général Voigts-Rhetz. Comme nous le verrons plus loin, cet échelon comprendra en outre, à partir de Montargis, six escadrons hessois tirés du IXᵉ corps ;

2ᵉ échelon : 37ᵉ brigade (colonel Lehmann), artillerie de corps et 1ᵉʳ échelon de convoi.

3ᵉ échelon : 39ᵉ brigade (colonel Valentini) et 2ᵉ échelon du convoi.

Le 1ᵉʳ échelon atteignit : le 16, Tonnerre ; le 17, Saint-Florentin ; le 18, Joigny. Le 19, il y eut repos.

C'est alors qu'arriva à Voigts-Rhetz l'ordre de la IIᵉ armée, lui prescrivant d'être le 20 à Montargis avec une forte tête. Or, de Joigny à Montargis il y a deux fortes étapes (54 kilomètres). Le 1ᵉʳ échelon ne pouvait donc atteindre cette ville que le 21. Effectivement, la marche reprit le 20 ; le 1ᵉʳ échelon arriva ce jour-là à Courtenay, et le lendemain 21 à Montargis.

Le 2ᵉ échelon atteignit : le 20, Saint-Romain ; le 21, Château-Renard ; le 22, Montargis.

Le 3ᵉ échelon fut : le 20, à Joigny ; le 21, à Courtenay ; le 22, à Montargis.

Le 1ᵉʳ échelon ayant repos le 22 à Montargis, tout le Xᵉ corps fut concentré autour de cette ville.

b) Occupation de Montargis.

Nous avons vu que le 1ᵉʳ échelon était, le 21 novembre au matin, à Courtenay ; il arriva le 21, à 2 heures du soir, à Montargis, après avoir fait fouiller la forêt, traversée dans sa partie est par la route Courtenay - Montargis, par I/57.

Revenons quelque peu en arrière.

Dans cette marche concentrique de la IIᵉ armée au sud de Paris, les IIIᵉ et IXᵉ corps suivaient sur deux routes les lignes intérieures ; le Xᵉ, sur une seule route, suivait la ligne extérieure, laquelle, indépendamment de sa plus grande longueur, exigeait le service d'une troupe en contact avec les nôtres pendant tout son trajet, d'où la nécessité de s'éclairer vers le sud, le sud-est et le sud-ouest.

Le Xᵉ corps ayant ainsi du retard sur le reste de l'armée, Manstein, commandant du IXᵉ corps (qui se trouvait le 17 à Angerville, à 68 kilomètres de Montargis), fut invité par Frédéric-Charles, le 16 (ordre arrivé le 17 novembre), à faire avancer par Pithiviers six escadrons hessois, de façon qu'ils fussent rendus le 19 à Montargis, où ils passeraient sous les ordres de Voigts-Rhetz.

Le général Rantzau reçut le commandement des 2ᵉ, 3ᵉ et 4ᵉ escadrons de chacun des deux régiments hessois. Il se mit en marche le 19 sur Montargis par Puiseaux et Château-Landon : puis, ses patrouilles ayant été accueillies à coup de fusil en approchant de Montargis, et, d'autre part, ayant reçu le renseignement que la ville était occupée par 2 à 3.000 mobiles (ce renseignement était exact), il renonça à l'occuper, la fit surveiller par des avant-postes et cantonna avec son gros à Préfontaine.

A 6 heures du soir, il expédiait par Ferrières, dans la direction de Joigny, 1 officier avec 20 hommes pour se mettre en relations avec le Xe corps, dont le 1er échelon atteignait Joigny ce jour-là.

Cependant, le trouble était grand dans Montargis. Dans la séance du conseil municipal du 20 novembre, le maire, M. Garnier, expose « que Montargis est menacé par les troupes prussiennes venant, d'après les renseignements télégraphiques, de Sens et de Joigny ; que déjà un corps de cavalerie occupe les abords de la ville du côté du Gâtinais (c'est Rantzau) ; qu'en présence de forces aussi considérables, la résistance devient inutile et dangereuse, avis partagé par le comité de défense ». En conséquence, les membres du conseil municipal, réunis, décidèrent à l'unanimité qu'il n'y avait pas lieu de résister.

Le 20 au matin, Rantzau reprend la marche sur Montargis, mais n'occupe pas encore la ville parce que le pont du canal au nord-ouest de Montargis était détruit et occupé par de l'infanterie (1).

Au pont de Sainte-Catherine, les Allemands perdirent 2 hommes et 5 chevaux.

Le pont du chemin de fer au nord de Montargis était occupé. Enfin, les patrouilles allemandes signalaient de fortes colonnes d'infanterie sur les hauteurs de Villemandeur-le-Neuf, à l'ouest de la ville, sur la route d'Orléans.

---

(1) Pont de Sainte-Catherine, sur le canal d'Orléans et la route de Pithiviers ; le pont de Vésines, sur le même canal et la route de Château-Landon, était également détruit.

En présence de cette situation, Rantzau demanda des secours au IIIe corps, qui répondit ne pouvoir en donner. Il se mit alors en relations avec le maire de Montargis, M. Garnier, qui, sur sa demande, se rendit le 20 auprès de lui. Rantzau réclama la reddition de la ville. Le maire demanda un délai jusqu'au 21 à 10 heures du matin, délai qui fut accordé par le général. La cavalerie hessoise retourna à son cantonnement de Préfontaine, occupant par une pointe la croisée du chemin de fer avec la route de Château-Landon.

Le 21, à 10 h. 1/2, le maire se présenta au général, qui s'était rapproché de la ville ; il l'informa que la ville de Montargis se rendait. 2.500 mobiles et gardes nationaux la quittaient et rentraient dans leurs foyers en emportant leurs armes (environ 600 carabines Minié données par le gouvernement de Tours).

Rantzau fit son entrée en ville à midi et rendit compte au Xe corps, dont le premier échelon allait arriver à 2 heures. Il imposa immédiatement au maire le rétablissement des ponts détruits.

c) Concentration du Xe corps à Montargis.

A 2 heures, Voigts-Rhetz écrit à la IIe armée :

« ... La liaison est établie avec le général Rantzau. Pas de renseignements sur l'ennemi. Des mobiles ont dû se replier cette nuit de Montargis sur Gien. »

Un ordre d'armée, en date du 19, prescrivait d'éclairer sur Gien (pendant la marche du Xe corps sur Montargis). Comme l'expédition du général Rantzau avait deux jours de retard, Voigts-Rhetz devait donc faire maintenant ce qui eût été la mission de ce dernier.

Un autre ordre du 21 prescrivait de se concentrer vers Beaune-la-Rolande. La direction de Gien restant toujours dangereuse, le 2e escadron du 9e dragons fut envoyé à

Châtillon-sur-Loing (Châtillon-Coligny), appuyé par 200 hommes de II/91, transportés sur des voitures de réquisition de Château-Renard à Guérins, le reste du bataillon restant à Château-Renard. Les dragons ne trouvèrent à Châtillon que des mobiles, dont 2 furent faits prisonniers et dirent qu'il y avait à Gien 30.000 Français.

Le 23, le détachement rejoignit le corps d'armée.

Ainsi, le X⁰ corps va marcher vers le nord ; son flanc gauche est complètement découvert, puisque nos troupes sont signalées vers Gien ; sa cavalerie a poussé une pointe d'un escadron à Châtillon. Et c'est tout. A quoi servent les six escadrons de Rantzau ? A rien. Aussi qu'arrivera-t-il ? C'est que nos troupes vont prendre le contact avec le X⁰ corps sans que celui-ci s'y attende.

II

LA MARCHE SUR BEAUNE

———

d) L'ordre du 22 novembre.

Le 22 novembre, à midi, Voigts-Rhetz donne de Montar-
is l'ordre suivant :

« Le corps continuera sa marche sur Beaune. Le géné-
al Wedell marchera, demain 23, sur Beaune avec la
rigade Rantzau, qui lui est subordonnée ; il couvrira soi-
neusement son flanc gauche (1), l'ennemi étant probable-
ent à proximité.

» ... Le 24, le général Wedell restera sur place et fera
ire des reconnaissances sur Boiscommun et Bellegarde.

« ... Le général restera le 23 à Montargis, avec le corps
armée, auquel il donnera des ordres en cas de besoin.
vant-postes dans la direction de Gien ; un détachement
 toutes armes à Saint-Maurice, pour garder le pont du
nal.

» ... Le 24, le général Woyna marchera avec la brigade
hmann par Ladon sur Beaune ; il commandera ce jour-là
ute la 19e division, y compris la brigade Rantzau.

» ... Le colonel Valentini, avec l'artillerie de corps qu'il
corte, marchera le 24 par Mignières sur Auxy. Il lais-
ra un bataillon à Montargis. Le bataillon de Joigny a
çu directement de moi l'ordre d'être le 24 à Montargis ;
s deux bataillons suivront, le 25, leur brigade sur Egry.

———

(1) Il ne sera rien fait pour cela.

» Le 1er échelon du convoi, avec une escorte de 200 fan
tassins et un demi-escadron de cavalerie, fournie par l
9e division, ira le 24 à Beaumont, et le 2e échelon à Châ
teau-Landon.... »

e) Journée du 23.

Le 1er échelon (38e brigade et la brigade Rantzau) s
porte, le 23, de Montargis sur Beaune par Ladon.

Le commandant du Xe corps expédie de Beaune
2 h. 1/2, le rapport suivant à la IIe armée :

« ... Une patrouille a trouvé Bellegarde occupé pa
l'ennemi ; celui-ci ne doit y être arrivé qu'aujourd'hui (1)
au dire des habitants, il est aussi arrivé aujourd'hui u
détachement à Lorris (2). Ce dernier renseignement paraî
peu certain, ainsi qu'un autre de même source d'aprè
lequel de grosses fractions ennemies doivent marcher d
Gien vers le nord... (3). »

Vers 3 h. 1/2, le Xe corps rend compte :

« Un officier du 9e dragons est entré à Bellegard
après le départ du premier rapport émanant des reitê
hessois sur l'occupation de ce village. Il évalue la garniso
à 300 hommes de divers régiments d'infanterie, et quel
ques chasseurs à cheval...

» L'homme de qui émane le dire que de fortes troupe
sont parties de Gien a aussi prétendu que le général d'Au
relles avait avant-hier son quartier général à Gien. »

f) La défensive décidée.

Dans ces circonstances, Frédéric-Charles décida d'a
tendre l'arrivée de la Fraction d'armée. L'avis reçu d

---

(1) Exact; c'était l'avant-garde du 20e corps (Crouzat).
(2) C'étaient des fractions du 18e corps (Billot).
(3) Elles ne marchaient pas, mais étaient bien dans la régio
c'était le gros du 18e corps.

grand quartier général que le corps Michel (1) avait été appelé dans l'ouest, et le rapport du Xe corps au sujet de l'occupation de Bellegarde pouvaient faire penser que la droite de notre armée de la Loire avait reçu des renforts, sans qu'on eût d'ailleurs constaté d'affaiblissement sur le reste du front ; d'autre part, des rapports de la 2e division de cavalerie, des 21 et 22, faisaient surgir un doute sur un mouvement de nos troupes vers le nord-ouest.

En conséquence, le prince ordonna, pour le 24, de grandes reconnaissances sur tout le front : « Demain, 24 novembre, les IXe et IIIe corps feront des expéditions avec des détachements mixtes dans le but surtout de faire des prisonniers. Je prie Votre Excellence d'ordonner des opérations analogues. »

---

(1) Werder rendait compte au grand quartier général que le corps Michel était parti d'Autun vers l'ouest, les 16 et 17, en quarante trains.

JOURNÉE DU 24

En exécution de cet ordre, Voigts-Rhetz rend compte le 24 à la IIe armée :

« ... Rien de nouveau. Des reconnaissances sont en route vers Boiscommun, Bellegarde et Prénoy. »

Ces reconnaissances comprenaient :

1° Sur Boiscommun :

Major Schœler, accompagné du capitaine Seebeck et du lieutenant von Kotze, de l'état-major du Xe corps : 1 et 4/57 ; 4e escadron du 2e reiter hessois ; trois pelotons du 3e escadron du 1er reiter.

2° Sur Saint-Loup et Bellegarde :

Major Wehren : 5 et 6/57 ; 2e et 3e E/2e reiter.

3° Sur Ladon et Lorris :

Capitaine Alvensleben, de l'état-major du Xe corps : trois pelotons du 4e E/9e dragons.

g) **Combat de Boiscommun.**

La cavalerie de la reconnaissance du détachement de Boiscommun est sous les ordres du capitaine Wernher, qui envoie un peloton du 3e E/1er reiter (lieutenant v. Gemmingen) sur Batilly - Nancray. Le 4e E/2e reiter (1er lieutenant Scholl) forme la pointe sur la route de Boiscommun, ayant devant lui le peloton du lieutenant Riedesel. Derrière la cavalerie viennent 1 et 4/57.

A 8 heures, l'avant-garde sort de Beaune. Orme passé,

Wernher fait prendre le trot à l'avant-garde. Montbarrois est trouvé inoccupé. A Les Rues, l'avant-garde tombe sur un poste de lanciers pied à terre qui la reçoit à coups de fusil, puis qui remonte à cheval et s'enfuit vers Boiscommun, poursuivi par Riedesel, qui, à l'entrée du village, fait 2 lanciers prisonniers.

Une des patrouilles lancée en avant rend compte qu' « il y a des lanciers déployés sur une place à peu près au milieu du village (1). » Un paysan, à l'entrée de Boiscommun, dit qu'il n'y a pas dans le village d'autres Français que ces lanciers. A ce moment, Riedesel les aperçoit et donne l'ordre de charger. Le combat est court et sanglant. L'avant-garde allemande, très inférieure en nombre, cherche à se sauver, mais trouve toutes les issues barrées. Le lieutenant est fait prisonnier avec 6 de ses hommes.

Pendant ce temps Wernher a fait avancer les cinq autres pelotons. Scholl reçoit l'ordre de se déployer à droite et à gauche, à l'est de la route Boiscommun - Beaune, face à la Margottière ; le demi-escadron Schweitzer le suit. Mais, derrière les cavaliers de Riedesel en déroute, débouchent deux escadrons de nos lanciers, le commandant du régiment en tête. Ce groupe passe entre Scholl et Schweitzer, allant vers Montbarrois. Pendant ce temps, Wernher, avec les trois pelotons de Scholl, charge le gros des lanciers et les refoule dans Boiscommun, appuyé par le demi-escadron Schweitzer, qui s'est également déployé. Mais, du village, part un feu violent d'infanterie qui refoule les Hessois vers la Margottière.

Cependant le chef des lanciers, le lieutenant-colonel Basserie, s'est laissé entraîner trop loin. Il est blessé et fait prisonnier. Ce fut une excellente aubaine pour les Allemands, car ses papiers fournirent d'importants renseignements sur le corps auquel il appartenait (20e). Ce

-----

(1) C'était du 2e lanciers de marche.

fut la première confirmation des renseignements donnés par Werder.

A ce point de vue, cette escarmouche de cavalerie eut donc un résultat immense et, on peut le dire, inespéré pour les Allemands.

Je ne parlerai pas ici de la fin du combat. Notre infanterie occupa Boiscommun ; les Allemands ne poursuivirent pas l'attaque et s'arrêtèrent dans les fermes au sud de Montbarrois.

Vers midi, un peloton du 1er reiter constate que Boiscommun est encore occupé. Vers midi 3/4 rentre le peloton envoyé vers Nancray. Il a trouvé Chemault inoccupé ; Boiscommun l'est encore.

Dans le bois entre ces deux localités, il n'y a que des francs-tireurs (1) ; mais, au contraire, au sud de Boiscommun, se trouvent des troupes de toutes armes.

A 2 heures, Voigts-Rhetz fait rappeler Schœler.

h) **Reconnaissance sur Bellegarde.**

A 8 heures, le major Wehren part sur Saint-Loup par le Martroy et la Grange. Entre la Grange et Saint-Loup, on perçoit les coups de fusil du combat que livre Schœler à Boiscommun. Devant le front et sur le flanc droit, on aperçoit des lanciers ennemis qui sont chassés par les reiter.

Les deux compagnies occupent Saint-Loup sans résistance vers 10 h. 1/2.

Les patrouilles rayonnent vers Fréville, Bellegarde et Montliard, recevant partout des coups de fusil et rendant compte que de grosses colonnes françaises marchent sur Boiscommun.

---

(1) De Cathelineau.

Vers 11 heures, de l'infanterie française s'avance sur Saint-Loup. Wehren se retire à la Grange.

Nous occupons Saint-Loup, puis nous l'évacuons deux fois dans la journée, suivis chaque fois par les patrouilles de la cavalerie allemande. Vers 2 heures, celle-ci rend compte qu'il y a 10.000 hommes derrière nos vedettes, que l'on voit sur la route Bellegarde - Boiscommun.

Fréville est occupé vers 2 heures. Vers 3 heures, on entend le combat de Maizières. Vers 5 h. 1/2, Wehren reçoit l'ordre de rentrer à Beaune.

Ce détachement n'a fourni que les rapports ci-après :

« Lieutenant Schenck rend compte que, sur la route Bellegarde - Maizières, s'avancent deux escadrons et deux batteries avec un gros soutien d'infanterie. Ils étaient déjà à hauteur de Fréville quand ce rapport a été envoyé. J'ai déjà rendu compte qu'il y a des colonnes et de l'artillerie sur la route de Boiscommun. » (Pas d'indication d'heure de départ).

2° « Nouvel avis qu'il y a sur la route Bellegarde - Maizières un régiment d'infanterie sans cavalerie, ni artillerie (1). Sur la route Bellegarde - Boiscommun, il y a des vedettes, mais plus de colonnes en mouvement ; des colonnes bivouaquent. » (Départ 11 heures.)

i) **Combat de Ladon.**

La troisième reconnaissance [trois pelotons de dragons (9ᵉ)], avec le capitaine Alvensleben, tombe à Ladon, vers 10 heures du matin, sur des chasseurs à cheval français (Hœnig dit trois escadrons, Grenest deux). Elle se replie sur la ligne de marche de la 37ᵉ brigade, en rendant compte au Xᵉ corps.

---

(1) Il y avait, non un régiment, mais un bataillon.

Les deux derniers échelons du Xe corps sont partis de Montargis de bonne heure pour rallier, dans la journée, le 1er échelon vers Beaune. La 37e brigade marche sur ce point par Ladon et Maizières ; la 39e, avec l'artillerie de corps, par Pannes, Mignerettes et Auxy (1).

Le commandant de la 19e division, von Woyna, a, dès le 23, porté à Saint-Maurice une avant-garde commandée par le lieutenant-colonel v. Hagen et comprenant I/91, F/91, un escadron du 9e dragons, une batterie, une demi-compagnie du génie et un équipage de pont.

Des patrouilles de dragons ont rendu compte, le même soir, que Bellegarde a été occupé dans la journée par nos troupes ; rapport probablement inexact, car il n'y avait à ce moment à Bellegarde que des francs-tireurs battant la région avec des patrouilles de chasseurs à cheval.

Du côté de Lorris, on n'a rien vu.

De toutes façons, le commandant de la division ne peut donc guère compter atteindre Beaune le 24 sans prendre le contact.

Le 24, vers 9 h. 1/2, le dernier échelon est rassemblé à Saint-Maurice dans la formation de marche suivante :

Avant-garde.

2e et 3e E/9e dragons.
I/91.
2e batterie lourde (Oldenbourg) du 10e.
F/91.
Demi-compagnie du génie et équipage de pont léger

---

(1) Il faut entendre ici Auxy-station à 5 kilomètres est de Beaune, où la route Pannes-Mignerettes rejoint le chemin de César, qui conduit à Beaune, — et non le village d'Auxy.

Gros.

II/91.

3ᵉ compagnie du génie.

2ᵉ batterie légère (Oldenbourg) du 10ᵉ.

F/78.

II/78.

Ambulance.

Trains régimentaires.

I/78.

Voyons quelle était alors la situation de nos troupes.

Crouzat avait reçu Ladon et Maizières pour objectifs de sa marche du 24. La route Châtenoy - Ladon est plus longue de 2 kilomètres que celle Montargis - Ladon. La route Châtenoy - Maizières, au contraire, est un peu plus courte que celle de Montargis - Maizières.

Un choc devait donc fatalement se produire.

En effet, le 24 novembre, le 20ᵉ corps partit de Châtenoy par Bellegarde, où sa tête de colonne arriva à 9 heures. Tout annonçait le voisinage des Allemands. La 1ʳᵉ division (Polignac) fut dirigée sur Montliard ; la 2ᵉ (Thornton), sur Fréville, à droite de la 1ʳᵉ ; la 3ᵉ (Ségard), à cheval sur la route de Ladon, à droite de la 2ᵉ.

Pour s'éclairer et se couvrir, Crouzat avait envoyé de Bellegarde : un bataillon de mobiles de la Haute-Loire pour occuper Maizières ; un bataillon du 44ᵉ et 1 bataillon de mobiles de la Loire, avec une section d'artillerie, pour occuper Ladon.

Ce sont ces troupes qui rencontreront les Allemands dans les combats du 24 novembre.

Aucun des deux adversaires, d'ailleurs, ne sait rien de la situation de l'autre. Les patrouilles de dragons lancées dans la matinée vers Beaune ont atteint Ladon sans rien apprendre de la présence de nos troupes.

Cependant, tenant compte des rapports du 23 au sujet de l'occupation de Beaune, le colonel Lehmann ordonne :

« Le 3ᵉ escadron marchera par Ladon sur Bellegarde, cherchera à gagner la route de ce point à Beaune, et éclairera au sud-ouest de la route Ladon - Beaune. Les 9ᵉ et 10ᵉ/91 suivront immédiatement la cavalerie et occuperont le château à l'ouest de Ladon et les chemins traversant le bois ; elles suivront ensuite sur Beaune comme arrière-garde quand la brigade aura dépassé Ladon. Le 2ᵉ E/9ᵉ dragons et tout le reste du détachement marcheront sur Beaune par Ladon. »

Vers 10 heures, la flanc-garde en route, la colonne part de Saint-Maurice. La cavalerie est parvenue au hameau Bois-Caillot, à 1.500 mètres de Ladon, quand elle aperçoit, venant sur elle, le détachement Alvensleben, poursuivi par trois escadrons de chasseurs.

Ces derniers s'arrêtent et se replient derrière le hameau avant que la cavalerie de l'avant-garde allemande se soit déployée, puis sur Ladon, que notre infanterie a occupé. Nous avons là à ce moment un bataillon du 44ᵉ de marche, un bataillon de mobiles de la Loire, une compagnie de francs-tireurs du Doubs et une section d'artillerie.

9 et 10/91 s'embusquent à 300 mètres du village. Le reste de l'avant-garde arrive ; 1 et 2/91 se placent au sud de la route, 3 et 4 au nord ; elles se portent à hauteur de 9 et 10, et sont rejointes un peu plus tard par 11 et 12. Une violente fusillade s'engage. Nos deux pièces se placent à la sortie est du village, mais à l'intérieur. Woyna déploie contre elles deux batteries à Bois-Caillot et les réduit bientôt au silence.

Il porte alors II/91 vers les Arlots, puis encore à sa droite II et F/78. Nous évacuons les Arlots. Les trois bataillons allemands faisant ainsi face à la route Ladon-Beaune, le lieutenant-colonel Hagen donne l'ordre de l'assaut.

Il est 2 heures. Nos hommes n'attendent pas l'assaut et se replient sur Moulin-Neuf, le Tartre et la Mothe. Le capitaine v. Taysen nous suit avec 9, 10, 11 et 12e/91, auxquelles se joignent à droite II et F/78, marchant sur la Mothe, qui est enlevée à 3 h. 1/2.

La route de Beaune est nettoyée. Comme on entend le canon de Maizières, Woyna donne l'ordre de rompre le combat.

La marche est reprise sur Beaune dans l'ordre suivant : dragons, II/91, 1 et 3/91, artillerie, 1 et 2/78, II et F/78. Ce dernier bataillon couvre le flanc gauche. F./91, 2 et 4/91 forment l'arrière-garde.

Le combat vers Maizières paraissant continuer, la 37e brigade appuie à l'est de la route pour y prendre part.

j) **Combat de Maizières.**

Par suite des rapports de Seebeck sur ce qui s'est passé à Boiscommun avant 10 heures du matin, Voigts-Rhetz a l'impression qu'il pourra être attaqué de ce côté. A 10 heures, il envoie au colonel Valentini l'ordre :

« Hâter la marche. Envoyer d'heure en heure à Beaune des officiers pour rendre compte des points atteints ; envoyer l'artillerie à cheval à Beaune sous escorte ; se porter sur Beaune avec l'artillerie de la brigade et celle de corps..... Le bataillon qui était aujourd'hui à Montargis et celui qui a dû passer la nuit à Courtenay rallieront la brigade aujourd'hui, le plus tôt possible. Le colonel Valentini les avisera. »

Valentini reçoit cet ordre vers 11 h. 1/2. Entendant alors le canon de Ladon, il accélère la marche de sa colonne, abandonnant sa direction primitive sur Auxy.

Voigts-Rhetz a reçu des renseignements :

1° Sur le combat de Ladon ;

2° Sur Maizières « occupé par les Français » ;

3° Sur Boiscommun, où aucun mouvement n'est signalé.

Débarrassé de ce dernier côté, il envoie à Valentini un nouvel ordre :

« Occuper Maizières, donner la main à Lehmann et se porter ensuite sur Beaune. »

Valentini reçoit cet ordre vers midi à Venouille.

L'artillerie à cheval est à Beaune depuis 1 heure. L'artillerie de corps est encore en arrière avec le 10ᵉ bataillon de chasseurs. Il y a trois bataillons et demi détachés (Montargis, Courtenay, Sainte-Catherine et au convoi). Valentini ne dispose donc que de deux bataillons et demi (56ᵉ et 79ᵉ), un demi-escadron et deux batteries ; c'est avec ces forces qu'il marche immédiatement à l'attaque de Maizières.

L'infanterie trouve l'Archemont occupé et s'en empare avec l'aide de l'artillerie. Nous nous replions sur Fréville, où était notre 2ᵉ division (Thornton). Deux bataillons de mobiles du Haut-Rhin et un bataillon de zouaves, soutenus par le feu d'une batterie de 12, s'élancèrent au pas de course et à la baïonnette sur les Allemands qui nous poursuivaient et les rejetèrent au loin.

Telle est la situation quand la 37ᵉ brigade arrive sur le champ de bataille de la 39ᵉ. Il fait nuit.

Voigts-Rhetz, qui a pour principal objectif de rassembler son corps d'armée le 24 à Beaune, a avisé Lehmann de l'ordre donné à la 39ᵉ brigade (avis reçu par Lehmann à 1 h. 1/4).

Or, pendant le mouvement de la 37ᵉ brigade, la 39ᵉ a pris Maizières.

Voigts-Rhetz envoie un nouvel ordre :

« La 37ᵉ brigade marchera sur Beaune derrière la 39ᵉ ; celle-ci ira à Juranville. »

Comme Valentini a poursuivi nos troupes jusque près de Fréville, la manœuvre s'effectue facilement.

La 37ᵉ cantonne le soir à Romainville, la 39ᵉ à Gondre-
ville. Elles n'atteignirent leurs cantonnements qu'à 10 heures du soir.

Ainsi, les trois brigades sont concentrées le 24 au soir ;
le résultat est atteint. Considérant que c'est là son véritable but, Voigts-Rhctz ne poursuit pas nos troupes en
retraite vers Boiscommun.

Les combats de Ladon et Maizières coûtèrent aux Allemands 12 officiers, 207 hommes et 36 chevaux.

Nous avons vu l'importante capture faite à l'aile droite
du 10ᵉ corps par les Allemands en la personne du lieutenant-colonel Basscrie, qui, chef d'une grosse unité, s'amuse
à combattre en enfant perdu sur le front et réussit à se
faire prendre ; nous savons que ses papiers fournirent
aux Allemands les premiers renseignements sur la situation si cmbrouillée cn ce théâtre de la guerre.

A l'aile gauche, le 10ᵉ corps joua également de bon-
heur. Le trompette Brossig, du 9ᵉ dragons, trouva à la
sortie est de Ladon le portefeuille d'un officier et le remit
à ses chefs. C'était le portefeuille du capitaine du génie
Ogilvy, officier étranger qui s'était mis au service de la
République, et que Gambetta avait détaché depuis quelques jours à l'état-major dc Crouzat. Les Allemands y
trouvèrent de précieux renseignements. C'étaient :

1° Une lettre de Gambetta à Crouzat, du 19 novembre,
accréditant Ogilvy auprès de ce dernier, et dans laquelle
une phrase surtout était importante : « ..... Accrédité auprès de M. le général Crouzat, commandant les forces
rassemblées à Gien » ;

2° L'ordre de bataille du 20ᵉ corps ;

3° L'ordre de mouvement du corps d'armée pour le 24.

De ces renseignements, la IIᵉ armée conclut que nos
forces allaient sc diriger sur Pithiviers. Le cauchemar des
Allemands, craignant un mouvement de nos troupes sur

Paris par la vallée du Loing et Fontainebleau, cessait tout d'un coup.

k) **Ordre du 24 novembre, 8 heures du soir.**

Le 24 novembre, à 8 heures du soir, la IIe armée prescrit la concentration vers Beaune - Pithiviers. La cavalerie doit conserver partout le contact.

IV

JOURNÉE DU 25

l) **Ordre du 25, vers midi.**

« ..... Le X° corps aura, tout en maintenant sa liaison avec l'armée, à assurer la sécurité de la gauche de celle-ci.

Je laisse à Votre Excellence à apprécier l'étendue à occuper autour de Beaune, ainsi que les détachements à faire à Montargis ou Château-Landon. Le détachement, pour éclairer le terrain entre l'Yonne et le Loing, aurait besoin de cavalerie. »

V

JOURNÉE DU 26

Le 26, à 10 heures matin, Voigts-Rhetz donne l'ordre suivant :

« Il n'est pas impossible que l'ennemi tente de tourner l'armée par son flanc gauche (1). Je vous prie (ceci s'adresse au colonel Valentini, à Venouille) de porter votre attention de ce côté, et je prescris : les rails de la voie ferrée seront enlevés aujourd'hui même, sur une bonne longueur, au sud-est de Corbeilles ; à faire aussi d'autres destructions de la ligne, mais pouvant être réparées par nous en trois jours à peu près.

» S'il n'y a pas d'attaque ennemie d'ici midi, envoyer à Château-Landon aujourd'hui même un détachement d'environ six compagnies, deux escadrons, deux pièces. Son chef aura pour instruction de passer la nuit à Château-Landon ou à proximité, de faire des patrouilles vers Montargis, Sens et Courtenay, et de chercher à établir si l'ennemi se montre à Montargis, ou entre le Loing et l'Yonne.

» .... Si le corps d'armée n'engage pas un combat sérieux, le détachement pourra rester à Château-Landon jusqu'à nouvel ordre et chercher à se mettre en liaison avec le général Kraatz (2)..... »

Ce détachement sur Château-Landon fera grandement défaut au chef du Xe corps le jour de la bataille de Beaune.

---

(1) C'est la suite du cauchemar qui, malgré tout, se continue.
(2) En marche de Joigny sur Montargis.

m) **Combat de Lorcy. — Détachement sur Château-Landon.**

Le 26, Lorcy est occupé vers midi par la cavalerie allemande.

Vers ce moment, y arrive, venant de Corbeilles, la 3ᵉ/10ᵉ chasseurs. Moitié de son effectif occupe un fossé à 200 mètres au sud du village, perpendiculairement à la route Ladon-Lorcy ; l'autre moitié s'embusque sur la lisière sud du village.

De notre côté, nous avons deux bataillons de mobiles des Pyrénées-Orientales, des francs-tireurs de Cathelineau et le 5ᵉ escadron du 7ᵉ chasseurs (capitaine Gandon). Le détachement est commandé par le colonel Girard. L'infanterie allemande est repoussée par le feu, et la cavalerie charge ; une partie de nos cavaliers traversent la 3ᵉ/10ᵉ chasseurs et pénètrent dans Lorcy jusqu'à la sortie nord, vers Fay.

Le colonel Valentini a, sur ces entrefaites, mis en marche sur Château-Landon un détachement commandé par le lieutenant-colonel v. Boltenstern et comprenant II/56, 5 et 6/79, 2ᵉ et 4ᵉ E/1ᵉʳ reiter, et deux pièces de la 10ᵉ batterie. Le peloton d'avant-garde (lieutenant v. Bouchenröder), à ce moment à l'ouest de Lorcy, voit la charge conduite par le capitaine Gandon, se porte à gauche vers la sortie du côté de Fay, et met en fuite quelques chasseurs. D'autres chasseurs, conduits par Gandon, continuent sur Juranville, mais y sont abattus par 11 et 12/56. Le colonel Girard poursuit à son tour Bouchenröder, mais est tué d'une balle qui lui traverse le corps.

Vers 2 h. 1/2, s'étant rapproché de Lorcy, Boltenstern jette dans le combat 5/56, 5 et 6/79, et les porte au sud du village pour menacer notre ligne de retraite (le reste de son détachement continue la marche et arrivera à Château-Landon à 9 h. 1/2). Nous sommes refoulés vers Chevenelle, et Lorcy est enlevé. Les trois compagnies aperçurent derrière nos hommes en retraite toute une brigade ; elles arrêtèrent alors la poursuite, pour reprendre la route de Château-Landon, où elles arrivèrent à minuit et demi.

Ce combat coûta aux Allemands 3 officiers et 22 hommes blessés. Nous eûmes 40 tués et blessés.

Dans cette affaire, les Allemands obtinrent encore de précieux renseignements. En effet, la 2ᵉ division du 20ᵉ corps était la seule (d'après les papiers d'Ogilvy) à avoir un régiment de chasseurs ; c'était donc elle qui se trouvait là. D'autre part, les mobiles des Pyrénées-Orientales appartenaient à la 3ᵉ division. Donc, le 20ᵉ corps paraissait être concentré tout près.

VI

LE 27 NOVEMBRE

———

n) Renseignements envoyés.

A 7 h. 50 soir, le Xe corps envoie le télégramme suivant à la IIe armée :

« D'après les rapports, Montargis occupé depuis hier par l'ennemi (1)..... Les patrouilles du détachement de Château-Landon ont rencontré l'ennemi au delà du canal. »

La 39e brigade, d'avant-postes à l'aile gauche du Xe corps, fait connaître de Venouille, à 6 h. 45 soir :

« ..... Une patrouille allée de Château-Landon jusqu'au delà de la croisée de la route Château-Landon avec la voie ferrée Gien - Montargis. Rencontré là les avant-postes ennemis.

» ..... Si Courtenay est libre, on ne le sait pas encore, la patrouille n'étant pas rentrée.

» Signé : VALENTINI. »

o) La 1re division de cavalerie.

Pendant que se déroulaient ces événements, pendant que la cavalerie et l'infanterie du corps d'armée obtenaient de précieux renseignements, et par des patrouilles, et par des

---

(1) C'était le 18e corps, qui arrivait de Gien.

reconnaissances, et par le combat, la 1re division de cavalerie restait complètement inactive à Boynes, entre le IIIe et le Xe corps.

Il est à présumer que cela devait tenir à deux causes :

1° D'abord à l'ordre de bataille ; la 1re division de cavalerie fut affectée au IXe corps jusqu'à l'arrivée de celui-ci à Angerville, de sorte que la IIe armée n'eut pas de cavalerie indépendante et que l'exploration et la sûreté incombèrent à la cavalerie des corps d'armée.

2° Ensuite au caractère de son chef. Fritz Hœnig dit en effet : « La 1re division de cavalerie, qui était affectée à l'armée, avait un chef dans lequel le prince n'avait pas une confiance particulièrement élevée. Le général Hartmann lui semblait un profond philosophe, mais nullement une nature de cavalier amoureux de l'action. »

Les régiments de cette division appartenaient tous à la cavalerie lourde ou moyenne, alors que le commandant de l'armée estimait qu'une guerre « contre des insurgés » exigeait de la cavalerie légère, particulièrement entraînée au service d'éclaireurs, armée et équipée en conséquence. La division n'avait aucun régiment armé de carabines ; il fallait donc prévoir que, dans le service d'éclaireurs, elle ne pourrait être chargée de missions importantes qu'avec l'adjonction de l'infanterie.

p) Observations générales sur l'emploi de la cavalerie au Xe corps pendant les marches et la concentration vers Beaune.

Nous avons vu quelles avaient été les difficultés de marche du Xe corps. Il était donc nécessaire, dans ces marches, de doter chacun des échelons d'organes permettant une bonne et rapide communication des ordres depuis la tête jusqu'à la queue de chacun d'eux, et même depuis la tête du corps d'armée jusqu'à son dernier élément.

Le général Voigts-Rhetz ne garda pour lui qu'un peloton de dragons ; chaque état-major de division reçut 4 dragons comme estafettes permanentes, chaque brigade 3, chaque régiment 3.

Le reste de la cavalerie divisionnaire fournit à chacune des trois brigades d'infanterie deux faibles escadrons. Ceux-ci furent répartis, pendant la marche, sur les deux flancs de la route, de manière que chaque échelon fût entouré d'un réseau de patrouilles accompagnant son mouvement. Souvent on fit suivre la cavalerie par de l'infanterie en voitures. On obtint ainsi, avec de faibles moyens cependant, une grande sécurité, mais au prix de fatigues inouïes, surtout pour l'infanterie.

La cavalerie fut engagée presque chaque jour contre nos francs-tireurs, surtout dans la région située entre Tonnerre et Montargis, région couverte, coupée, accidentée, et qui se prête merveilleusement à la guerre d'escarmouches et d'embuscades. Elle sut néanmoins dégager et nettoyer les flancs, et, en somme, assura parfaitement le service de sûreté.

VII

LA JOURNÉE DU 28

---

q) **Avant-postes du Xe corps (1). — Répartition de la cavalerie.**

A la droite allemande, les avant-postes de la 38e brigade occupent un front de 7 km. 500 de Batilly (2 km. 500 ouest de Beaune) à la Jarry-Basse (2 km. ouest de Juranville).

Un poste de cavaliers hessois est sur la route de Nancray, à la droite du dispositif, reliant celui-ci à la 1re division de cavalerie, qui se trouve à Musseau, au nord-ouest de Boynes.

On a réparti sur le front deux escadrons de cavaliers hessois. Depuis le 24, en effet, il n'y a plus rien à faire en avant ; on ne peut que patrouiller sur les ailes, à Batilly et à Vergonville.

A la gauche allemande, les avant-postes de la 39e brigade s'étendent de Vergonville à Corbeilles, par Juranville et Lorcy, sur un front d'environ 8 kilomètres. Deux escadrons du 16e dragons sont à la disposition du commandant de ce secteur.

---

(1) Je ne parle ici de ces avant-postes qu'au point de vue de la cavalerie. La question complète des avant-postes sera exposée à « la bataille de Beaune ».

r) **Rapports fournis par la cavalerie.**

Des six escadrons de la brigade Rantzau, trois du 2ᵉ régiment de reiter et le 3ᵉ du 1ᵉʳ régiment (les deux autres sont aux avant-postes) ont cantonné, le 23 au soir, à Marcilly avec F/16.

Le 2ᵉ E/1ᵉʳ r. a été affecté aux avant-postes du secteur Batilly - Orme, le 4ᵉ au secteur Jarrisoy, Foncerive, 20 cavaliers sont affectés aux postes par groupes de 4 ; le reste des escadrons patrouille sans cesse dans les directions Bellegarde, Maizières, Boiscommun, Nancray.

Le 23, à 4 h. 30 soir, le lieutenant v. Lersner se dirige par Saint-Loup sur Boiscommun et pénètre jusque sur la place du marché ; il n'y « voit que des francs-tireurs » qui lui tirent dessus. Cependant, il y avait là des lanciers ; mais peut-être, l'heure étant tardive, a-t-il pris les uns pour les autres. Le lieutenant-colonel Sannow (qui commande les avant-postes de la 38ᵉ brigade : 16ᵉ régiment) lui ordonne, le lendemain matin, de pousser jusqu'au contact de nos troupes. En conséquence, le 24, vers 5 heures du matin, Lersner part par Saint-Loup, gagne la route Bellegarde - Boiscommun qu'il suit vers Bellegarde, et découvre près de ce bourg un bivouac d'infanterie et d'artilerie. Il rentre, poursuivi par un demi-escadron de chasseurs, et rend compte.

Il a fait route un moment avec le lieutenant v. Schenk, du 2ᵉ reiter, qui reste en observation à Saint-Loup.

Le 24 au matin, le lieutenant v. Grolman, avec un peloton, arrive jusque dans la région de Bellegarde et rend compte que des forces importantes s'y rassemblent (c'est notre 20ᵉ corps).

Dans l'après-midi du 24, le lieutenant Bouchenröder, du 2ᵉ E/1ᵉʳ r., établit la liaison avec les avant-postes du ⁸ corps, vers Rougemont.

Le 24, à midi, le 4ᵉ E/1ᵉʳ reiter fait une reconnaissance dans la direction de Maizières, où on se bat. Il se joint à la brigade Valentini et rentre avec elle le soir à Beaune.

Vers 6 heures du soir, l'escadron Schweitzer, 3ᵉ/1ᵉʳ reiter, dont trois pelotons ont pris part dans la matinée au combat de Boiscommun, relève le 4ᵉ E. à Foncerive - Jarrisoy. Le 2ᵉ et le 4ᵉ E/1ᵉʳ r. et 2 E/2ᵉ r. cantonnent le soir à Marcilly.

Le 25 novembre, le 2ᵉ reiter et le 3ᵉ E/1ᵉʳ r. sont affectés à la 19ᵉ division, les 2ᵉ et 4ᵉ E/1ᵉʳ r. (major v. Sanders) à la 39ᵉ brigade. Le major Sanders se met à Juranville sous les ordres du lieutenant-colonel v. Haldow (16ᵉ dragons), qui affecte le 4ᵉ E au 10ᵉ chasseurs à Corbeilles, et envoie le 2ᵉ à Juranville.

Jusqu'au 26 à midi, la cavalerie ne constate rien d'important de ce côté ; elle part vers 2 heures de Juranville et de Corbeilles par Château-Landon (détachement de Boltenstern).

A Beaune, à partir du 26, il y a modification dans le service des avant-postes. Plusieurs postes de cavalerie sont placés en avant et entre les postes des 38ᵉ et 39ᵉ brigades.

Le peloton du lieutenant v. Gemmingen accompagne, le 27 au matin, la reconnaissance v. Tiedemann (8/57). On constate l'occupation de Saint-Loup par des forces françaises importantes.

Dans la zone de la 39ᵉ brigade, après le départ des deux escadrons hessois pour Château-Landon, on a placé deux escadrons du 16ᵉ dragons, l'un assurant le service entre Juranville et Lorcy, l'autre de Lorcy à Corbeilles. Aucun renseignement important n'est fourni.

s) **Bataille de Beaune.**

La bataille de Beaune va être amenée par cet ordre de Crouzat, du 27 novembre soir :

« Le 28 novembre, à 8 heures, la 1re division du 20e corps
rompra de Boiscommun et marchera sur Beaune par Nan-
cray, Batilly et Saint-Michel. La 2e division quittera à la
même heure Montbarrois et Saint-Loup et se dirigera droit
sur Beaune. La 3e s'établira en réserve à Saint-Loup.

« A 7 heures, le 18e corps marchera de Ladon sur
Beaune par Maizières et Juranville en se couvrant vers
Montargis (flanc droit) par une brigade à Lorcy. Une
deuxième brigade, venant de Montargis, protégera les derrières contre Ladon (1). »

1° *Combat au nord de Juranville.*

Le 18e corps a attaqué les avant-postes de la 39e brigade,
qui se sont repliés sur Venouille. Lorsque la brigade
Robert débouche du bois au nord de Juranville et que la
brigade Bonnet s'avance vers Lorcy - Corbeilles (10 heures), une contre-attaque est faite par le major v. Lindeiner
avec I/56, sept pelotons de dragons et deux pièces. Cette
contre-attaque ne réussit qu'à nous rejeter un peu en
arrière de Juranville.

2° *Combat à Longcourt-les-Cotelles.*

Il est utile, au point de vue de l'emploi de la cavalerie
dans ces journées, de rappeler ici un léger incident. Devant notre mouvement en avant, le major de Steinacker,
qui commande aux Cotelles, demande à la 39e brigade
l'appui de l'artillerie. Le colonel Valentini lui envoie aux
Cotelles, par la route, une section de la 3e batterie lourde
(lieutenant Stolterfoth).

---

(1) Cette brigade (Perrin) resta complètement inactive à Montargis le jour de la bataille de Beaune.

A peine en batterie, les pièces sont criblées de projectiles par notre infanterie, car elles se sont avancées beaucoup trop ; l'une d'elles peut se retirer, l'autre doit être abandonnée.

Le capitaine Brugère a remarqué la position critique des deux pièces en butte au feu du 73ᵉ mobiles. Il court chercher de la cavalerie. A ce moment sortait de Juranville le 2ᵉ escadron du 3ᵉ lanciers (capitaine Renaudot) et un peloton du 5ᵉ dragons. Ces cavaliers se déploient, traversent nos tirailleurs, dépassent la pièce abandonnée et abordent les Cotelles, barricadé. Ils se séparent alors et contournent le village par les deux côtés, au moment où notre infanterie s'en empare. Le 79ᵉ allemand, qui quitte les Cotelles, est alors chargé en fourrageurs et perd une centaine de prisonniers.

Pendant ce temps, le capitaine Brugère a emmené la pièce.

Nous verrons que la 1ʳᵉ division de cavalerie n'eut pas, à un moment splendide pour elle, cet allant de nos cavaliers.

3° *L'action de la 1ʳᵉ division de cavalerie.*

A 10 h. 45, le 28, la 1ʳᵉ division (14 escadrons et une batterie à cheval) (1) est à Boynes (2). Le poste du

---

(1) La division comprenait normalement :
              1ʳᵉ brigade (général v. Lüderitz) :
Régiment de cuirassiers de la reine n° 2 (Poméranie).
1ʳᵉ régiment de uhlans de Poméranie n° 4.
2ᵉ régiment de uhlans de Poméranie n° 9.
              2ᵉ brigade (général Baumgarth) :
3ᵉ régiment de cuirassiers de la Prusse orientale.
8ᵉ régiment de uhlans de la Prusse orientale.
12ᵉ régiment de uhlans de Lithuanie.
(2) Les 9ᵉ et 12ᵉ régiments de uhlans sont avec les 6ᵉ et 5ᵉ divisions. — Un escadron du 8ᵉ uhlans est à Nemours, un du 4ᵉ se trouve aux avant-postes, à Nancray.

4ᵉ uhlans, vers Nancray, envoie jusqu'à 11 h. 1/2 trois renseignements sur la marche de notre attaque.

A midi, Hartmann reçoit de Voigts-Rhetz la demande
de s'avancer au delà de Barville. La batterie à cheval tire
alors sur Batilly.

A 2 heures, Hartmann apprend que « la Pierre-Percée
est prise, et la communication coupée entre Beaune et
Barville ». La division de cavalerie est forcée de reculer
sur Barville pour échapper au feu de nos batteries. En
somme, qu'a-t-elle fait pour empêcher cette rupture des
communications ? Rien. D'après l'ouvrage du grand état-
major allemand, deux fois les 2ᵉ et 3ᵉ cuirassiers se pré-
parèrent à charger, mais ils en furent empêchés « par les
circonstances défavorables et par le terrain détrempé ».
Or, de ce côté du champ de bataille, les conditions du terrain sont essentiellement favorables pour une charge de
cavalerie. Il était détrempé, c'est exact, mais cela n'empêcha cependant pas les batteries à cheval des IIIᵉ et Xᵉ corps
de s'y déplacer au grand trot, et même, avec l'aide du
fouet, au galop. Cela n'empêcha pas non plus notre cavalerie de charger à Jarrisoy et aux Cotelles.

Entre 1 et 2 heures, l'infanterie de la brigade Boisson
conversa vers le nord, et la division de cavalerie continua
à se tenir sur son flanc découvert sans tenter aucun mouvement, sans faire aucune manœuvre.

4° Entrée en ligne de la 5ᵉ division allemande.

La 5ᵉ division arrive à Boynes à 2 h. 1/2, marchant sur
Beaune : le général Alvensleben s'est détaché de Pithiviers
pour se rendre compte de la situation.

A 2 heures, il aperçoit une masse de cavalerie station-
nant au nord-ouest de Barville et reconnaît le général
Hartmann. Alvensleben s'arrête et Hartmann lui annonce :
« Excellence, le général Voigts-Rhetz combat avec sa der-

nière baïonnette », et cela à haute voix, de telle sorte que l'état-major d'Alvensleben l'entend. Et les quatorze escadrons de la 1re division de cavalerie sont pied à terre à 800 mètres de là !... Alvensleben tire Hartmann à part et lui dit : « Excellence, quand même cela serait, vous auriez mieux fait de me le dire tout bas et à moi tout seul. »

Alvensleben détache immédiatement un officier de son état-major et lui prescrit de rechercher Voigts-Rhetz, de lui annoncer la présence du IIIe corps et de lui demander sur quel point il désire le voir intervenir. Hartmann l'interrompt par cette remarque : « Il est impossible de parvenir au général Voigts-Rhetz (1). »

Et, cependant, c'est si peu impossible que le capitaine Andrae revient, à 3 h. 45, au moulin à vent au sud-est de Chalmont (près de Boynes), où s'est arrêté Alvensleben, et lui annonce qu'il s'est mis en relation avec Voigts-Rhetz.

A la même heure, la division Polignac, recevant dans son flanc gauche le choc de la 5e division, qui arrive du nord-nord-ouest, est obligée de battre précipitamment en retraite vers l'ouest, toutes armes mélangées.

Le lieutenant-colonel Waldersee (de l'état-major de l'armée), qui se trouvait sur la hauteur au sud-ouest de la Bretonnière (2), fait au major Krestchman, de l'état-major du IIIe corps, qui se trouvait auprès de lui, la remarque que « Hartmann devrait maintenant charger ». Celui-ci s'avance alors vers le sud-ouest, où doit être la 1re division de cavalerie, et trouve Hartmann à la tête de ses régiments, à l'ouest de la Bretonnière (2) ; il croit devoir lui dire : « Votre Excellence peut rendre la journée décisive en avançant seulement de 1.000 pas tout droit ; l'ennemi s'en-

____

(1) Celui-ci était à la station d'Auxy.
(2) La Bretonnière, à 2 km. 500 au nord de Beaune.

fuit en masses désordonnées. » Hartmann regarde le major
et répond en haussant les épaules : « Jeune homme ! »
Kretschman revient près d'Alvensleben et lui rend
compte. Ce dernier se porte avec le major près d'Hartmann et lui fait remarquer, à peu près dans les mêmes
termes, cette occasion exceptionnellement favorable :
— « Eh bien ! Excellence, répond celui-ci, je vais y aller,
mais seulement au pas ! »

Pendant ce temps, Frédéric-Charles s'est porté sur la
hauteur au sud de Barville, où Waldersee lui rend compte
de la situation et ajoute : « La victoire est complète. Ce
sera un Rosbach pour les Français si la poursuite a lieu
sans délai. » Le prince, apprenant que la 1re division de
cavalerie n'a pas bougé, dit à son chef d'état-major, le
général v. Stiehle : « ..... Une poursuite énergique sur
les différentes routes, exécutée par la 5e division et la
1re division de cavalerie, nous permet de compter sur un
succès plus grand encore. Voulez-vous porter mes désirs (1) à la connaissance des généraux Alvensleben et
Voigts-Rhetz ? »

Mais maintenant il est trop tard. L'occasion est perdue.
Polignac peut se tirer d'affaire et sortir d'une situation
absolument désespérée.

----

(1) Pourquoi manifester « des désirs » et non donner « des ordres ».

DEUXIÈME PARTIE

LA BATAILLE DE BEAUNE-LA-ROLANDE

A) La bataille à l'aile gauche française.

Attaque et défense de Beaune.

I

ÉVÉNEMENTS QUI AMÈNENT LA BATAILLE DE BEAUNE

Position des Français.

Après Coulmiers, l'armée de la Loire a pris position au nord d'Orléans, attendant l'arrivée de renforts. La forêt a été fortifiée, la ville mise en état de défense ; celle-ci doit, en cas de besoin, jouer le rôle de tête de pont.

A l'arrivée des renforts, le gouvernement de Tours caresse le projet de lancer l'armée de la Loire, commandée par d'Aurelle de Paladines, au secours de Paris, par Pithiviers et Malesherbes ; ce rôle est dévolu aux 18ᵉ corps (Billot) et 20ᵉ corps (Crouzat), qui doivent être soutenus par des Pallières (15ᵉ corps) ; le 17ᵉ corps (de Sonis) doit rester en réserve à Orléans.

Position des Allemands.

Le siège de Paris est couvert dans cette région par la IIᵉ armée, commandée par le prince Frédéric-Charles; cette

armée est en position d'attente au nord de la forêt d'Or-
léans ; elle comprend les IXe, IIIe et X^e corps et la 1re division de cavalerie, au total 73 bataillons et 52 escadrons,
soit 55.000 fantassins, 11.000 cavaliers, 264 canons. La
Fraction d'armée, sous les ordres du grand-duc de Mecklembourg, qui lui est subordonnée et qui flanque sa droite,
comprend le Ier corps bavarois, les 17e et 22e divisions
d'infanterie, les 2e, 4°, 5° et 6e divisions de cavalerie, au
total 52 bataillons et 100 escadrons, soit 50.000 hommes et
220 canons.

La position initiale des deux adversaires et leurs intentions vont amener la bataille de Beaune.

Les hostilités.

Le 24 novembre, les fractions du Xe corps qui se trouvaient encore aux environs de Montargis reçoivent l'ordre,
devant les menaces du 20e corps, venant de Bellegarde, et
la marche du 18e corps, venant de Gien, de se resserrer
sur Beaune. Le contact avec le 18e corps va amener les
combats de Ladon et de Maizières (24 novembre) et de
Lorcy (26).

Le 26 novembre, le général Crouzat reçoit, de Tours,
l'ordre d'occuper Beaune, Juranville et Maizières comme
prélude du mouvement général de l'armée de la Loire sur
Pithiviers ; il va se heurter au Xe corps, qui, ayant ramené
à lui les détachements de Montargis, occupe Beaune, Gon-
dreville et environs, et s'est couvert, le 24, par des détachements et des avant-postes occupant d'une façon générale la
ligne   Batilly - Orme - Foncerive - Juranville - Lorcy - Corbeilles.

Mouvements des Français.

Du 24 au 26 soir, le 20e corps s'étend de Boiscommun à

Ladon ; le 27 après-midi, le 18e corps a sa masse à Ladon et une brigade à Montargis.

Rôle du X° corps.

Conformément à l'ordre de la II° armée, le général de Voigts-Rhetz, chef du X° corps, doit couvrir l'aile gauche de la II° armée en maintenant la liaison avec elle. Voigts-Rhetz annonce dès le 25 qu'il est décidé, en cas d'attaque, à se battre sur la position de Beaune, où il s'est concentré en partie ; il lui manque, en effet, la 4e brigade de la 20e division qui se trouve vers Joigny (général Kraatz), et le détachement Boltenstern envoyé à Château-Landon (1) pour détruire la voie ferrée du Bourbonnais, c'est-à-dire une notable partie de ses forces.

______

(1) II/56, 5 et 6/79, 2° et 4° escadrons du 1" reiter, deux pièces de a 10° batterie.

POSITION DE BEAUNE-LONGCOURT.

La position de Beaune-Longcourt est très étendue : elle mesure 5 kilomètres ; elle n'a pas de vues au sud, ce qui peut permettre à des troupes bien conduites de s'approcher à 5 ou 600 mètres en échappant complètement aux vues et aux coups, surtout du côté de Beaune. Les villages, fermes, boqueteaux, vignes et groupes d'arbres forment un écran continu derrière lequel on peut contourner le bourg dans un rayon de 3.500 mètres du côté ouest et arriver de Boiscommun sur la hauteur d'Arconville sans être aperçu de Beaune; ceci fait, on peut s'approcher en se défilant assez facilement jusqu'à 1.000 ou 1.200 mètres du bourg sans que l'artillerie ennemie puisse s'y opposer.

Le terrain le plus couvert est aux abords sud de Beaune, où s'entassent des fermes séparées par de nombreuses haies, des parcelles de bois, etc., qui interdisent presque l'emploi de la cavalerie en grosses unités. Au sud-est, dans la région Lorcy - Corbeilles, le terrain devient plus découvert ; c'est à la gare de Beaune (actuellement Auxy, à 4 kilomètres de Beaune même) que Voigts-Rhetz se tiendra pendant la bataille.

Entre le chemin de César et la grande route de Beaumont par Longcourt, le réseau routier est très développé : circonstance favorable pour nous ; d'autre part, en cette partie de la Beauce, le sol, par un temps humide, est un gros obstacle au mouvement ; et, le 28, le temps fut sombre, brumeux, humide et le sol détrempé.

Les cotes varient peu : 90 à Longcourt, 138 à Saint-Loup, 135 à Boiscommun, dans un carré de 5 kilomètres. Il y a cependant avantage pour l'assaillant : deux crêtes vont de l'ouest à l'est, la plus au nord dominant la position allemande à bonne portée d'artillerie : de Gabveau, 121, à Jarrisoy, 120 ; la 2ᵉ à peu près parallèle : des Plessis, 133, à Foujuif, 115.

A l'ouest et au sud de Juranville, mêmes cotes (106 à 102 ; entre Longcourt et les Cotelles, 90 à 94 ; près de la gare, 104). Ces lignes de hauteur sont coupées par plusieurs ondulations transversales de direction sud-ouest-nord-est.

En un mot, de ce côté, le terrain est favorable pour l'approche des masses à couvert.

Beaune. — Beaune est peu favorable à la défense. Une légère ligne de hauteurs part de Bois de la Leu, passe contre la partie nord et aboutit à Longcourt ; du côté des attaques, la cote est 109. Au sud-est, l'altitude atteint 113 aux Moulins de la Montagne, dominant à 300 mètres le front sud de la ville. En arrière, au nord, le terrain se relève ; là est la véritable position en avant de laquelle Beaune forme un demi-cercle saillant vers le sud ; ce demi-cercle peut être de l'ouest, du sud-ouest, du sud et du sud-est sous les feux efficaces de l'artillerie et de l'infanterie. Les hauteurs 109 et 113 menacent particulièrement Beaune, car elles dominent complètement les faces sud-ouest et sud-est.

Au sud et à l'ouest, entre la route des Saules et le chemin de César, la défense a un bon champ de tir ; mais, d'Orme surtout, l'assaillant peut gagner à couvert le moulin de la Fontaine, c'est-à-dire s'approcher à 450 mètres, tandis que, de Gabveau, Queschevelle et Maizerie, on peut tenir constamment Beaune sous un feu efficace d'artillerie. La cote 119 (les Roches) diminue ce désavantage.

Le cimetière, à 300 mètres à l'ouest de la ville et relié à elle par plusieurs maisons solides, constitue un bon point d'appui contre le sud et l'ouest.

La Rolande coule dans la zone du combat rapproché (80 à 200 mètres) sur les fronts sud-ouest, sud et sud-est ; elle est bordée de buissons en beaucoup d'endroits ; elle est peu large et peut être sautée ou passée à gué presque partout.

Enfin Beaune est entouré d'un mur massif haut de 10 pieds et bien conservé sur tout le front sud. Au nord de la route d'Orme, et à partir de la route de Foncerive vers le nord, la ville est ouverte ; de ce côté on rencontre des groupes irréguliers de maisons.

Du cimetière à l'ouest, qui domine les abords sud, sud-ouest et ouest, on a des vues assez étendues, sauf vers le sud, où se trouvent plusieurs fermes. Le cimetière forme un rectangle, le petit côté face au sud, le grand face à l'ouest. Au petit côté aboutissent vers l'est des maisons massives isolées. Le cimetière est entouré d'un mur de pierre massif haut de 4 pieds.

Le front ouest de Beaune est entièrement ouvert. Il en est de même du front est.

Entre le front sud du cimetière et la Rolande, il y a environ 200 mètres ; de ce côté, le long du ruisseau, pas un buisson.

Telle est la position de Beaune, qui s'étend sur un front de 1.200 mètres, du cimetière aux Fours à chaux.

L'autre partie de la position Beaune - Longcourt, séparée de celle-ci par une distance de 2.500 mètres, comprend les localités de Juranville, les Cotelles et Venouille, formant un front irrégulier face au sud-est et d'un développement de 2.500 mètres. Entre les Cotelles et Juranville, il existe un espace libre de 500 mètres.

L'intention des Allemands n'est pas de se battre sérieusement là, mais sur le plateau plus découvert entre les Cotelles et Longcourt, à hauteur du moulin des Hommes-Libres ; on aura alors à dos la Rolande que l'artillerie et

la cavalerie ne peuvent franchir que sur le pont de la route
de Beaumont.

En résumé : position sans appui sur les flancs, deux
points d'appui d'aile éloignés de 4.500 mètres de centre à
centre, front faible susceptible d'être percé à Marcilly,
d'autant plus qu'il n'y aura personne entre les deux groupes : telle est la position que le X⁰ corps va défendre. En
un mot, il y aura deux batailles distinctes : Beaune et Juranville ; nous ne nous occuperons d'abord que de la
première.

Organisation défensive et occupation de Beaune.

Depuis le 24 novembre, le X⁰ corps allemand a choisi
la position de Beaune ; il avait donc le temps de l'organi-
ser. Mais aucune idée d'ensemble n'a présidé à cette organisation ; chacun, à la place qu'il occupait, a fait comme il
a pu et comme il a voulu ; aussi le résultat n'est pas bril-
lant : on n'est arrivé, le 28, qu'à munir le mur d'enceinte
du front sud d'une simple banquette afin de pouvoir tirer
par-dessus. Les faces ouest et nord-ouest demeurent complètement ouvertes ; les routes venant de Venouille et de
Batilly ne sont pas barrées ; celle de Foncerive l'est par une
barricade de planches, poutres et tonneaux ; celle d'Orme
possède une barricade plus sérieuse. On n'a ni déblayé les
abords, ni rasé les buissons de la Rolande, ni détruit les
ponts ; on n'a pas songé à enclaver le cimetière (et nous
verrons que là a été la clef de la position) dans la défense
de Beaune, à faire des tranchées, des abatis, des emplacements de pièces. En quatre jours, on n'a même pas repéré
les distances de tir, sauf aux Roches, où la chose a été
faite à l'aide de bouchons de paille.

Situation de la défense le 28 au matin.

Le 28, le 57ᵉ (8ᵉ régiment d'infanterie de Westphalie, colonel v. Cranach) est aux avant-postes : I à Batilly et Queschevelle ; II à Orme et Jarrisoy ; F, à Foncerive et la Jarry-Basse. Ce régiment a remplacé le 26 le 16ᵉ (3ᵉ régiment d'infanterie de Westphalie, lieutenant-colonel Sannow) qui rentre à Beaune. Sannow a, dès le 26, assigné un secteur à chaque bataillon ; dans chaque bataillon on a déterminé la zone de chaque compagnie ; aussi, lors de l'attaque, le 28, bataillons, compagnies et pelotons pourront-ils se porter rapidement à la place qui leur a été assignée.

Détails sur la position de Beaune.

La position générale a été esquissée à grands traits ; entrons un peu plus dans les détails.

Front sud. — Le mur d'enceinte du sud a une hauteur variant de 2 à 3 mètres et l'épaisseur d'un mur ordinaire de jardin ; il forme presque partout un rempart, interrompu en plusieurs endroits par des arcades et par des maisons gênant la vue. On pallia d'une façon insuffisante au premier de ces inconvénients ; on crénela le mur et on y établit une banquette pour le tir. Le mur s'arrête à la route d'Orme, de chaque côté de laquelle se trouve une maison massive.

Entre les routes d'Orme et de Barville, le mur est en bon état de conservation ; mais il ne peut servir à la défense, parce qu'il est masqué à quelques mètres par des maisons isolées ou en groupe.

Sur la face sud du bourg, il y a, dans l'espace depuis la route d'Orme jusqu'à moitié chemin de celle de Foncerive, entre le mur et la ville, de grands vergers avec des bâtiments en arrière.

Fronts de la Rolande. — La Rolande coule en avant des faces sud et sud-ouest ; elle présente deux secteurs nettement déterminés et bien différents ; à l'ouest, sur 400 mètres, terrain plat, berges basses, rivière pouvant être facilement franchie d'un bond par des groupes de tirailleurs ; à l'est, sur 600 mètres, terrain accidenté, berges rapides et encaissées. Dans ces deux secteurs, au nord et au sud du ruisseau, quelques dépressions en cuvette pouvant dérober un ennemi debout aux vues de Beaune, c'est-à-dire aux feux à courte portée.

Front est. — Des vergers s'étendent sur tout le front est, couvrant un espace de 140 mètres est-ouest et de 300 mètres nord-sud. La route de Foncerive n'a pas été barricadée à la sortie sud-est de ces vergers ; mais, à la sortie sud-est du bourg, c'est-à-dire à 180 mètres plus à l'ouest, son pont est intact. Ce front est donc en réalité ouvert, puisqu'il y a entre F/16 — dont le secteur finit à la barricade de la route de Foncerive — et II/16 — plus spécialement chargé de la défense extérieure, et qui se tient à environ 300 mètres plus au nord, dans une position parallèle au front sud de Beaune — un espace large de 140 mètres et profond de 200.

Entre le cimetière et la Rolande, dans la direction du sud-est, se trouve une maison massive avec un jardin clos ; cette maison sera occupée un moment par le 3ᵉ zouaves. Une vaste grange, tout près du côté nord de la route d'Orme, jouera un rôle important à la fin de la journée.

Fronts sud-ouest et ouest. — Ils offrent trois voies d'accès venant d'Orme, de Batilly et de Barville. Entre la ville et le cimetière, distant de 300 mètres, se trouvent plusieurs maisons massives, les unes au nord de la route, les autres près de la face sud du cimetière. On n'y fait rien.

Répartition des troupes.

Le 16ᵉ va défendre Beaune avec 37 officiers et 1.530 hommes. Il lui manque la 7ᵉ compagnie, un peloton de la 12ᵉ, un de la 1ʳᵉ, un de la 4ᵉ, un de la 8ᵉ ; ces troupes sont employées à des missions spéciales.

Le IIᵉ bataillon (trois compagnies) a le secteur Les Roches - Maison d'école.

F assure la défense de la route de Foncerive à celle d'Orme (un fusil par mètre).

I va de la route d'Orme à celle d'Egry, tenant en outre la barricade de la route d'Orme et les deux maisons sur les deux côtés de cette route (un fusil par 2ᵐ,30).

Tel est l'ensemble. Voyons la répartition dans les bataillons.

II (major v. Zulow).

La 8ᵉ compagnie occupe Les Roches et une ferme voisine.

A l'ouest de la 8ᵉ, la 5ᵉ est dans une maison d'école qui possède une grande cour entourée d'un mur. Le terrain au sud étant sensiblement en contre-bas par rapport au sol intérieur, on peut faire de ce mur des feux étagés ; le mur Est, haut de 2 mètres, sera garni de banquettes au cours du combat.

Entre 8 et 5 s'étend un espace libre de 160 mètres avec, au milieu, la route d'Ormetrou. Une maison au nord-est de la 8ᵉ, le moulin à vent et les fours à chaux, entre Les Roches et l'école, restent inoccupés.

La 6ᵉ est provisoirement en réserve derrière la 5ᵉ.

F.

Trois compagnies garnissent la lisière de la ville ; ce sont, de l'ouest à l'est :

11e sur la route d'Orme, deux pelotons tenant quatre maisons et les murs des jardins en avant, le 3e sur la butte du moulin face au sud-est ;

10e : un peloton derrière le mur crénelé, deux autres plus à l'est dans divers bâtiments, dont une maison d'école munie d'une tour massive.

9e ayant sa gauche à la barricade de la route de Fonce-rive, le centre et la droite occupant des maisons jusqu'à la 10e.

Réserve particulière du front sud : deux pelotons de la 12e.

I.

1re : deux pelotons occupent plusieurs maisons des deux côtés de la route d'Orme, un peloton de chaque côté.

2e affectée à la sortie d'Orme, dans les maisons organi-sées défensivement des deux côtés de la route, à hauteur du moulin de la Fontaine.

Sur la face ouest du bourg existe un pan de mur ; la brèche entre ce pan de mur et les maisons à l'est est bou-chée par une barricade ; tout ceci constitue le secteur des deux pelotons de la 4e.

Reste la 3e qui emploie :

Un peloton au nord de la 4e, dans un fossé presque à angle droit ;

Un peloton dans les maisons entre le cimetière et le bourg ;

Un peloton au cimetière.

Il n'y a pas de réserve de régiment. La seule réserve extérieure disponible consiste en une compagnie du génie, deux batteries et deux escadrons de reiter hessois.

III

LA BATAILLE

Combats à Juranville et les Cotelles.

Pour bien saisir les événements de Beaune, il est nécessaire de jeter de temps en temps un coup d'œil sur tout le champ de bataille.

Le général en chef Crouzat a, le 27 au soir, rassemblé le 20e corps sur le front Boiscommun - Saint-Loup et le 18e (moins la brigade Perrin restée à Montargis) sur la ligne Maizières - Chevenelle et en arrière jusqu'à Ladon.

Crouzat sait le gros du Xe corps à Beaune ; il sait aussi que le cimetière n'est que faiblement occupé ; il veut attaquer la droite allemande pour couper le Xe corps de la direction de Barville et par suite de la IIe armée, puis écraser le Xe corps entre le 18e et le 20e qui, pour cela, doivent être à Beaune vers midi. Au cas où des renforts arriveraient de la région Pithiviers - Boynes, les francs-tireurs de Cathelineau et la 1re division du 15e corps devront les arrêter ; mais Cathelineau sera trop faible et la division du 15e corps, dispersée sur un grand front, ne pourra être rassemblée en temps voulu.

18e corps. — Billot doit chasser les Allemands de Juranville et des Cotelles, puis les tourner par l'est. Il commence l'action à 4 heures du matin en refoulant devant lui les avant-postes de la 39e brigade (Woyna). Juranville est pris, puis reperdu et repris ; Corbeilles est enlevé. A ce moment, il est 1 h. 1/2 et le 18ᵉ corps n'est pas parvenu à faire des progrès essentiels sur cette avant-ligne ; les Allemands sont donc en droit d'espérer que l'attaque sur la position de Longcourt sera repoussée, car là ils pourront nous faire sentir la supériorité considérable de leur artillerie, tirant sur les terrains découverts à l'est et au sud-est, ce qui n'a pu se produire jusqu'alors.

Avant d'attaquer Beaune, il va donc être nécessaire d'agir contre les Cotelles et Longcourt. Une première attaque des Cotelles échoue (2 h. 20 environ) ; une seconde réussit à 3 heures.

Les Allemands restent toujours à Longcourt. Considérant l'attaque sur Beaune comme la mission principale du 18ᵉ corps, Billot décide de ne pas s'attarder à l'attaque de Longcourt ; il se dérobe et marche sur Beaune par Fonce-rive et Ormetrou, la brigade Bremens avec l'artillerie de la 3ᵉ division en tête, la brigade Goury en queue. Le mouvement est couvert sur la droite par le gros de la 1ʳᵉ division (Pilatrie). Nous verrons ces éléments (six bataillons, deux compagnies de zéphyrs et trois batteries) prendre encore une part active aux derniers combats sur le front est de Beaune.

De sa personne Billot se porte vers Crouzat et le rejoint à 3 heures. A ce moment, Crouzat non plus n'est pas entré dans Beaune, qui est fortement canonné des hauteurs dominantes.

L'action contre Beaune. — Déploiement du 20ᵉ corps.

A 8 heures, une batterie de 12 du 20ᵉ corps, placée au nord de Saint-Loup-les-Vignes, ouvre le feu sur Beaune, puis répartit son feu de Bois de la Leu jusqu'à Marcilly. A ce moment, les 2ᵉ et 3ᵉ divisions se trouvent prêtes à marcher sur Beaune :

La 2ᵉ (Thornton) est près de Saint-Loup, avec Crouzat, et doit marcher par Montbarrois et Saint-Loup.

La 3ᵉ (Segard) reste en réserve au sud de Saint-Loup.

Marche de Polignac. — La 1ʳᵉ (Polignac) est partie et doit s'avancer sur Beaune par Nancray, Batilly et Saint-Michel. La cavalerie (régiment de marche de cuirassiers, 2ᵉ régiment de marche de lanciers, 7ᵉ chasseurs : total, douze escadrons) accompagne le flanc droit de la 1ʳᵉ division.

A 9 heures, la 1ʳᵉ brigade :

Colonel Boisson.

85ᵉ de ligne ou 50ᵉ de marche.	deux bataillons.	six ba-
Mobiles de la Loire........	deux —	taillons,
Mobiles du Jura....	deux —	

est massée près de Batilly, face à la Pierre-Percée.

La 2ᵉ brigade :

Colonel Brisac.

Francs-tireurs du Haut-Rhin.	une compagnie.	six ba-
Mobiles de la Haute-Loire...	trois bataillons.	taillons
Mobiles de la Haute-Garonne.	deux —	et
Mobiles de Saône-et-Loire...	un —	quart,

est à l'ouest de Gabveau et Queschevelle, face au cimetière de Beaune. Elle se porte en avant, à cheval sur le chemin de César, et va se heurter aux avant-postes de la 38ᵉ brigade (Wedell).

La marche de la division Polignac est favorisée par le rideau des hauteurs et par les nombreux couverts du terrain (villages, hameaux, jardins, vignes et boqueteaux) qui la cachent aux vues de l'est.

Le coup de canon donné comme signal s'adressait à Cathelineau. Le 28 au matin, celui-ci est à Nancray. Avec un bataillon (mobiles de la Dordogne) et une partie des francs-tireurs, il se dirige à 7 heures sur Batilly, qu'il a atteint un peu avant la brigade Boisson. Deux bataillons,

sous le lieutenant-colonel Domalain, et une compagnie
d'éclaireurs de la 1re division du 15e corps, marchent sur
Courcelles qu'ils trouvent non occupé (9 heures) et qu'ils
gardent jusqu'au soir, moment où le village sera enlevé
par le 3e chasseurs, de la 5e division allemande.

Marche de Thornton. — La 2e division doit déboucher
de Saint-Loup vers le nord dès que la 1re aura atteint Batilly. Thornton commence cependant son mouvement vers
8 h. 1/2, la brigade Aube à l'est, la brigade Vivenot à
l'ouest ; mais il arrête bientôt ses troupes pour attendre
les progrès de la division Polignac.

A 9 h. 1/2, la 1re brigade :

Capitaine de vaisseau **Aube.**

Mobiles des Deux-Sèvres
(34e mobiles) col. Rouget.. trois bataillons.   quatre ba-
Mobiles de la Savoie........ un — taillons,
est sur la hauteur de La Grange, à cheval sur la route
Saint-Loup - Beaune, face à l'Ormette.

La 2e brigade :

Colonel Vivenot.

Mobiles du Haut-Rhin (68e
mobiles) lieutenant-colonel
Dumas........ ... . deux bataillons., cinq ba-
3e régiment de marche de taillons,
zouaves, lieutenant-colonel
de Brème............. .... trois —
est à cheval sur la route Boiscommun - Orme, face à
Orme, à hauteur de la 1re, derrière la crête des Rues.

Emplacement de Segard. — La 3e division :

1re brigade :

Colonel Durochat.

47e de marche............. trois bataillons.   cinq ba-
Mobiles de la Corse........ deux — taillons.

2ᵉ brigade :

Colonel Simonin, après la mort de Girard.

78ᵉ de ligne (avec le 18ᵉ corps).   un   bataillon.

Mobiles des Pyrénées-Orientales.................... deux   —

Mobiles des Vosges. .... deux   —

Mobiles de la Meurthe...... un   —

      six ba-
taillons,

est toujours en réserve à l'est de Saint-Loup, soit à l'extrême droite de l'attaque, qui va se développer sur un
cercle de 7 kilomètres.

Avant-postes de la 38ᵉ brigade.

C'est ici le moment de décrire l'emplacement des avant-
postes de la 38ᵉ brigade, contre lesquels va se heurter le
20ᵉ corps. Nous avons vu déjà que, le 26 à midi, le 16ᵉ,
qui va occuper Beaune, a été remplacé aux avant-postes
par le 57ᵉ.

I tient le secteur Batilly - Queschevelle, couvrant la route
de Batilly. Front : 3 km. 500.

II a le secteur Orme - Jarrisoy, couvrant la route de
Boiscommun (Saint-Loup). Front : 2 kilomètres.

F va de Foncerive à la Jarry-Basse, couvrant la route de
Maizières. Front : 2 kilomètres.

Le point de rassemblement des avant-postes était fixé
aux Roches, au nord-est de Beaune.

Voyons la répartition des troupes plus en détail.

I (Major v. Schœler).

Dans la nuit du 27 au 28, il y a :

1ʳᵉ compagnie à Saint-Michel ;

3ᵉ à Batilly ;

4ᵉ à Gabveau ;

2ᵉ à Queschevelle ; cette dernière est en contact avec II.

Sur la route de Nancray, un poste de cavaliers hessois

assure la liaison avec la 1re division de cavalerie (v. Hartmann) à Mousseau.

II (Major v. Wehren).

Le 2e bataillon forme deux groupes :

5 et 7 à Orme et Maizerie ;

6 et 8 à Jarrisoy.

A Orme, chacune des deux compagnies reste alternativement groupée, l'autre répartie en trois postes : un sur la route Orme - Boiscommun, un à Villiers, l'autre à Maizerïe.

A Jarrisoy, la 6e détache un poste au Martroy et un à l'ouest de ce point (au fond de la vallée).

La 8e a un peloton à La Grange, un à l'Ormette et un à Jarrisoy avec le dernier peloton de la 6e.

F (Major v. Gerhardt).

10 et 11 restent à Foncerive, 9 et 12 sont portées, l'une (9) à l'ouest vers Moulin-Lambart, l'autre (12) à l'est vers Vergonville. La 9e a un poste à Arquemont. Les deux compagnies de Foncerive fournissent alternativement un poste sur la hauteur de Tantémont, route de Ladon. La 12e a un poste à la Jarry-Basse.

Combat des avant-postes.

Jusqu'au coup de canon signal de Crouzat, on n'a rien remarqué sur la ligne des avant-postes. Cependant la 2e (Queschevelle) informe, le matin, le major Schœler que, la nuit précédente, on a constaté chez les Français une grande activité et que Montbarrois est occupé par l'ennemi. Schœler part vers Queschevelle ; il y reçoit du lieutenant Würmeling le renseignement que les avant-postes de 11/57 sont attaqués. Vers 9 heures, on entend des coups de feu vers Les Rues et Batilly. Schœler ordonne alors à la 2e (Queschevelle) et à la 4e (Gabveau) de se replier vers Bois de la Leu en cas d'attaque supérieure et de chercher la liaison avec 1 et 3.

Dispositions de combat de la 39e brigade F/57.

Vers 8 heures, les avant-postes de la 39e brigade, qui prolongent à l'est ceux de la 38e, plient sous l'attaque du 18e corps. F/57, qui se trouve de ce côté en contact avec le 79e, prend les positions suivantes à 9 h. 1/2 :

12 (capitaine Bocksfeld) occupe la Jarry-Basse ;

11 (lieutenant v. Kehler) occupe Vergonville ;

10 (lieutenant v. Heyden) reste à Foncerive ;

 9 (lieutenant v. Nerée) est au moulin Lambart.

Le bataillon quitte seulement ces positions à 11 h. 1/2.

I/57.

Vers 9 heures, le 20e corps fait des progrès tels que 1 et 3/57 évacuent Batilly et Saint-Michel sans attendre d'ordres. Notre infanterie ouvre immédiatement le feu sur un large front, de Batilly à Gabveau ; il n'y a pas d'artillerie. 4/57 à Gabveau, et 2 à Queschevelle, assaillies par des forces supérieures, évacuent ces hameaux ; tout le bataillon bat en retraite en suivant le chemin de César.

La 1re batterie lourde (lieutenant Frels) et la 1re légère (capitaine Knauer), affectées à la 38e brigade, sont placées, la première à 300 mètres à l'ouest du cimetière avec un peloton de 1/16, l'autre aux fours à chaux des Roches. Devant l'attaque de Polignac, Frels porte sa batterie à 300 mètres en avant pour recueillir I/57, tourne à droite et, pressé par notre infanterie qui débouche de Bois de la Leu et des bosquets à cheval sur le chemin de César, parvient cependant, par son feu, à arrêter celle-ci.

A 10 h. 1/4, I/57 rejoint la batterie et se place :

1 et 3 sur le flanc droit de la batterie, à cheval sur la voie romaine ;

2 déployée sur les deux ailes, à 150 mètres en avant ;

4 derrière la gauche de 2.

Pendant que l'infanterie de Polignac est arrêtée sur son front, elle gagne sur ses ailes et s'étend au nord et au sud de Bois de la Leu et atteint, à 11 heures, les boqueteaux au nord d'Orme et au nord du chemin de César ; du premier elle prend en flanc I/57 et 1re/L ; cette dernière change de front et fait face au sud-ouest.

Vers la même heure, la brigade Boisson continue à s'avancer vers la Pierre-Percée, la brigade Vivenot dépasse Orme et trois batteries, postées au sud-est d'Orme, au sud de Gabveau et au nord de Bois de la Leu (chemin de César), ouvrent le feu sur I/57 et 1re/L ; ces deux éléments reculent alors et se portent au nord de Beaune et à l'ouest de la route de Barville, 1 et 3 au croisement de la voie romaine et de la route de Barville, 4 entre 3 et la batterie, 2 soutien de la batterie. Il est 11 h. 1/2.

Notre infanterie continue à avancer ; nouveau recul des Allemands au carrefour le plus occidental au nord de Beaune. La batterie, serrée de près, tire à mitraille, et la 2e compagnie fait une contre-attaque qui réussit et amène de ce côté un moment d'accalmie (midi).

II/57.

Vers 10 heures, la brigade Vivenot a refoulé les postes de la 7e à Villiers et à l'ouest sur la route de Montbarrois. 5 et 7 commencent alors la retraite sur le point de rassemblement des avant-postes (Les Roches).

Esquissons la marche d'approche de la brigade Vivenot, qui arrive par la route Boiscommun - Orme, le 3ᵉ zouaves en tête (II, III, I), les deux bataillons de mobiles du Haut-Rhin à droite.

Au début du combat 1ʳᵉ/L a fait quelque temps face au sud (voir combat de I/57) ; deux compagnies de III/Z s'avancent en tirailleurs sur elle et la face sud du cimetière. Le groupe de maisons du Moulin de la Fontaine, au nord et au sud de la route d'Orme à Beaune, paraissant inoccupé, le 3ᵉ zouaves s'y jette au pas de course et se couvre des deux maisons au nord de la route ; les mobiles du Haut-Rhin l'y rejoignent. La formation est alors la suivante :

1ʳᵉ ligne : deux compagnies de III/Z à l'extrême gauche en tirailleurs le long de la Rolande ;

2ᵉ ligne : I/Z à gauche, deux compagnies de III/Z au centre, II/Z à droite.

Les mobiles du Haut-Rhin sont à droite du 3ᵉ zouaves, derrière un grand bâtiment sur le côté sud de la route, dans l'ordre II et I ; ce dernier bataillon touche à droite les mobiles des Deux-Sèvres, de la brigade Aube.

La brigade Vivenot gardera cette formation pendant toute la bataille.

Plus à l'est, sur la route de Saint-Loup, sont les avant-postes de 6 et 8/57 détaillés précédemment. Vers 9 h. 1/2, la brigade Aube, suivie du 7ᵉ chasseurs à cheval, enlève la Grange et franchit rapidement la distance jusqu'à Jarrisoy. 6/57 (capitaine Soest) garnit la lisière sud du village avec deux pelotons ; un peloton de la 6ᵉ et un de la 5ᵉ (envoyé par le capitaine Feige d'Orme à Jarrisoy) restent en réserve. Le feu des Allemands arrête notre attaque. A ce moment arrive au capitaine Soest l'ordre d'évacuer Jarrisoy et de se retirer aux Moulins de la Montagne (vers 11 h. 45).

F/57.

Vers 11 h. 3/4, le major Gerhardt reçoit *de la brigade* l'ordre de se retirer à Ormetrou, d'occuper le château avec deux compagnies, en laissant les deux autres en seconde ligne sur la route de Venouille, au pont de la Rolande. F/57 reçoit la mission de couvrir la gauche de la 38e brigade et d'empêcher une trouée entre la 38e et la 39e. A peine Gerhardt a-t-il pris position qu'arrive un ordre *de la division* prescrivant de porter deux compagnies sur la hauteur des Roches, les deux autres devant rester sur les abords. Cet ordre n'est pas encore exécuté que *le major v. Scherff*, chef d'état-major de la division, détermine Gerhardt à amener son bataillon tout entier sur la hauteur des Roches, sur la ligne occupée par la 1re batterie/1 (Knauer), qui vient d'ouvrir le feu. Gerhardt déploie en tirailleurs dans le fond 11 et 12 et se porte avec 9 et 10 sur la hauteur en soutien de l'artillerie. La batterie quitte bientôt cette position et F. la suit. A peine le mouvement commencé, arrive l'*ordre du colonel* de réoccuper la hauteur. Demi-tour et la chose est faite. A midi, il y a sur la hauteur des Roches :

F/57 ;

2e compagnie du génie ;

2, 6, 8/57, un peloton de 5 et un de 7/57.

Attaques sur les fronts sud-ouest et ouest de Beaune.

Nous avons vu que la 1re/L (Frels) a battu en retraite en même temps que I/57 ; ce mouvement de retraite détermine une offensive de nos troupes, qui débouchent du sud-ouest, de l'ouest et du nord-ouest. A 11 heures, les brigades Brisac et Vivenot arrivent à 500 mètres du front ouest du cimetière. Jusque-là le feu de l'infanterie allemande de Beaune ne s'est pas encore fait sentir.

Déploiement de Thornton. — Nous avons quitté Thornton à 9 h. 1/2, lorsqu'il attendait les progrès de la division Polignac pour continuer sa marche. Vers 10 heures, constatant le recul des avant-postes allemands, Thornton reprend la marche. Trois bataillons du 34e mobiles (Aube) se portent en ligne déployée sur l'Ormette, qui est occupé à 11 h. 1/4 ; ils sont suivis en deuxième ligne par le bataillon de mobiles de la Savoie, en ordre serré. A l'ouest de ces troupes, les deux bataillons de mobiles du 68e mobiles (Haut-Rhin) ; plus à l'ouest encore, le 3e zouaves. La brigade Vivenot (zouaves et 68e) vient se placer bientôt, en colonnes, ainsi que nous l'avons vu, derrière les maisons du moulin de la Fontaine.

A partir de ce moment, Aube va, depuis l'Ormette, gagner de plus en plus vers l'est, d'abord vers les moulins de la Montagne, ensuite jusqu'à l'est de la route de Foncerive. Vivenot, lui, dirigera constamment ses efforts contre la sortie sud de Beaune, vers Orme et la face sud du cimetière, de sorte que la majeure partie du front sud de Beaune sera seulement inquiétée et jamais énergiquement attaquée.

Pendant ce temps, la batterie de 12 de la 2e division, placée entre Maizerie et l'Ormette, a ouvert le feu. Comme vers cette heure toute l'artillerie de la division Polignac (douze pièces) est entrée en action, tout le tour de la ville est sous le feu d'une artillerie dispersée en demi-cercle. Notre infanterie continue à avancer. A ce moment, la position des Allemands est critique, à cause du mouvement enveloppant du 20e corps vers le nord.

C'est alors que se produit un fait en apparence insignifiant et qui eut cependant des conséquences énormes, puisqu'on peut dire que c'est de lui que découlera pour les Allemands le gain de la bataille.

Wehren (II/57) a ordonné à ses compagnies, devant les masses françaises qui débouchent, « de se retirer sans arrêt sur le point de rassemblement du régiment ». Il va reconnaître l'emplacement de ses compagnies, puis se retourne, voit la situation critique de I/57 et réitère à ses compagnies l'ordre donné précédemment. 5 et 7/57 se retirent par le moulin de la Fontaine et le cimetière.

Le capitaine Natzmer, de 3/16, a demandé du secours au lieutenant-colonel Sannow ; mais nous savons qu'il n'y a pas de réserve de régiment. Jugeant que la position du cimetière est d'une importance capitale, le capitaine Feige, de 5/57, se résout à ne pas exécuter les ordres réitérés, mais à rester au cimetière, au moment même où il reçoit du colonel un troisième ordre de rejoindre le point de rassemblement du régiment.

A ce moment éclatent de tous côtés des feux d'infanterie qui semblent indiquer un assaut prochain sur le cimetière. Feige prend alors définitivement son parti et reste là. Nous verrons que c'est autour de ce point que se jouera la partie décisive.

Occupation définitive du cimetière.

Ainsi le cimetière va devenir le pivot de la bataille. Voyons comment il est occupé par les Allemands.

Le peloton du lieutenant Haussmann (3/16) s'est rassemblé à l'ouest du cimetière, vers le milieu du mur. A 11 h. 1/4, il est prolongé à droite par le 3ᵉ peloton de 7/57 (Platen), à gauche par le peloton du vice-feldwebel Glaesner (7/57). Le dernier peloton de 7/57 (lieutenant Lang) reste au début en dehors du cimetière.

A ce moment arrive un adjudant-major qui vient demander pour la quatrième fois pourquoi Feige n'exécute pas les ordres donnés ; il ne le rencontre pas, mais voit le peloton de Lang et l'emmène.

Le lieutenant Lancelle (5/57) emploie un peloton et demi à garnir la partie ouest des maisons au sud du cimetière. Le groupe de maisons au nord de la route de Batilly, à l'angle sud-ouest du cimetière, comprenant le dépôt mortuaire et le logement du fossoyeur, et n'ayant pas d'ouverture vers l'ouest, n'a pas été occupé.

Le sous-officier Brieland, de 5/57, a 20 hommes, soit un demi-peloton sur la face ouest du cimetière, entre le 16ᵉ et le 57ᵉ.

La face nord est occupée par le peloton du lieutenant Friedrichsen et par celui du vice-feldwebel Reinhard, de 2/16.

Feige est au centre du cimetière. Il est 11 h. 1/4.

Emplacement des troupes sur les fronts ouest et sud-ouest.

Jusqu'au deuxième assaut, les fronts sud-ouest et ouest de Beaune sont occupés comme suit :

16ᵉ régiment.

1ʳᵉ. — Un peloton (Haack) dans les maisons au sud de la route d'Orme ; un peloton (Brockmann) au nord de cette route ; un peloton (Pilger) est en soutien d'artillerie.

4ᵉ. — Deux pelotons derrière le mur et la barricade ouest ; un peloton (Stelle) au croisement des routes Egry, Barville et Batilly.

3ᵉ. — Un peloton (Ziehen) accolé à la 4ᵉ ; un peloton (Fulde), partie orientale des maisons au sud du cimetière ; un peloton (Haussmann) est au cimetière, comme nous l'avons vu ci-dessus.

2ᵉ. — Un peloton à la barricade de la route d'Orme ; deux pelotons en arrière de ce point en réserve.

57ᵉ régiment.

Nous l'avons vu ci-dessus au cimetière.

Il reste en réserve deux pelotons de 12/16 (capitaine Ohly) dans Beaune ; le lieutenant-colonel Sannow les envoie à Natzmer. Ohly se dirige vers la sortie d'Orme, où il prend le commandement sur ce point.

Premier assaut du cimetière.

A peine le cimetière et le front sud-ouest occupés, les brigades Brisac, de l'ouest, et Vivenot, du sud, font une vive fusillade, puis donnent l'assaut. Il est 11 h. 25. A ce moment, I/57 et la 1ʳᵉ/L sont arrêtés au carrefour de la route de Barville et du chemin de César, ce qui empêche nos troupes d'attaquer le saillant nord-ouest sous peine d'être en butte à des feux de flanc, et les oblige à porter tous leurs efforts sur le saillant sud-ouest du cimetière.

A remarquer que l'assaut n'a pas été préparé par l'artillerie, qui, d'autre part, ne recueillera pas l'infanterie lorsque celle-ci aura échoué.

La brigade Brisac vient se briser contre le cimetière. La brigade Vivenot débouche au sud. Les trois bataillons du 3ᵉ/Z débouchent sur deux lignes du moulin de la Fontaine contre le front sud du cimetière ; plus à l'est, le 68ᵉ, sur deux lignes également, se dirige vers la sortie d'Orme, où le bataillon de droite des zouaves obliquera plus tard.

Ainsi, de ce côté, l'attaque a à franchir 250 mètres pour atteindre le cimetière et 4 à 600 mètres pour arriver au front ouest (la Rolande peut être franchie d'un bond). Avant l'entrée en ligne de l'infanterie, une batterie de 12 vient se poster à 500 mètres de la lisière sud-ouest de la ville sur laquelle elle tire.

La brigade s'élance au pas de course et franchit la

Rolande ; en cet endroit, la rive nord du ruisseau est couverte de buissons et de broussailles ; elle se garnit de tirailleurs qui ouvrent un feu violent. Les colonnes en ordre serré suivent.

Le 68°, en un seul paquet, des deux côtés de la route d'Orme, se jette vers le saillant sud-ouest de la ville.

Contre l'attaque du sud, le moment de l'ouverture du feu pour les Allemands est celui du passage de la Rolande, distance de but en blanc. Les zouaves ne peuvent dépasser la lisière de broussailles ; l'attaque contre la sortie d'Orme ne réussit pas mieux.

Sur le front ouest, nos troupes s'avancent jusqu'à 400 mètres sans recevoir un coup de fusil ; à ce moment les Allemands ouvrent le feu, ce qui n'empêche pas l'attaque d'arriver jusqu'à 200 mètres ; mais là, celle-ci est complètement brisée. Il y a un moment de flottement : c'est la ruine de l'attaque. Quand, à de pareils moments, on se demande s'il faut avancer ou reculer, c'est qu'on ne voit plus que cette deuxième solution. Les Allemands en profitent pour lancer une grêle de balles sur nos masses compactes. Leur feu ne dure guère qu'une minute à peine. L'échec est complet, nos troupes se replient. A 11 h. 45, le premier assaut est repoussé.

On peut se demander pourquoi les Allemands n'ont fait durer leur feu qu'une minute sur ces masses ; mais nous verrons qu'ils n'avaient que peu de munitions et qu'ils pressentaient de nouvelles attaques. Exemple remarquable de la discipline du feu, qui, autant que la décision énergique prise par le capitaine Feige, sera une des causes du succès des Allemands.

Nouvelles dispositions des Allemands.

Ainsi, grand succès pour nos adversaires : succès tactique et surtout succès moral énorme.

Entre temps, des renforts sont arrivés aux défenseurs. A partir de midi et jusqu'à la fin de la bataille, l'occupation des fronts sud-ouest et ouest sera la suivante :

16e régiment.

1re. — Un peloton (Haack), maisons au sud de la route d'Orme; un peloton (Brockmann), maison au nord de la route d'Orme ; un peloton (Pilger) est soutien d'artillerie.

6e. — Un peloton, barricade de la route d'Orme ; un peloton, barricade ouest ; un peloton (Mitschke), en réserve en arrière.

4e. — Deux pelotons le long du mur au nord de la barricade.

3e. — Un peloton, partie est des maisons au sud du cimetière.

12e. — Deux pelotons (Ohly), barricade de la route d'Orme.

2e. — Un peloton (Friedrichsen) face nord du cimetière ; un peloton (Rheinhardt) faces nord et ouest du cimetière, suivant les besoins ; un peloton (Grashof) est au carrefour des routes d'Egry, de Batilly et de Barville.

4e. — Un peloton, croisée des routes d'Egry et de Barville.

3e. — Un peloton (Haussmann), au centre du mur du cimetière, face à l'ouest.

57e régiment.

5e. — Un peloton et demi, partie ouest des maisons au sud du cimetière ; un demi-peloton face ouest du cimetière.

7e. — Deux pelotons face ouest du cimetière.

Bombardement du cimetière.

Après l'échec du premier assaut, notre artillerie finit par où elle aurait dû commencer : elle ouvre le feu à midi sur le cimetière (batterie de 12) ; une batterie de montagne se place à droite, un peu en retrait ; deux batteries de 4 sont au sud de Bois de la Leu, une autre au nord : soit trente pièces.

Vers 1 heure, le mur du cimetière est en ruines ; les Allemands sont blottis au pied, dans l'attente d'une nouvelle attaque. A ce moment une nouvelle batterie attaque le cimetière par le nord. Les maisons situées au sud du cimetière sont en feu.

A 1 h. 1/2, notre artillerie cesse le feu.

Marche d'Aube et de Segard.

Brigade Aube. — Nous avons laissé, avant le premier assaut, Aube vers Jarrisoy que le capitaine Soest a évacué par ordre. De là, Aube prend la direction de l'Ormette, l'occupe et appuie de nouveau vers le nord-est. F/57 s'est aussi replié par ordre, mais seulement vers 11 h. 45, de sorte que la brigade Aube arrive vers midi à Foncerive et Vergonville, qui sont inoccupés.

Avec ses quatre bataillons de mobiles, Aube porte sa gauche vers les Moulins de la Montagne, sa droite vers Ormetrou. Les deux compagnies de zéphyrs du 18ᵉ corps, qui marchent avec le 20ᵉ, s'établissent à la Rolande, les mobiles de la Savoie aux Moulins de la Montagne. Les trois bataillons du 34ᵉ mobiles, partis d'Ormetrou, cherchent à gagner du terrain. Une batterie de 4, qui marche avec la brigade, s'établit à Foncerive et ouvre le feu contre la 1ʳᵉ/1 (Knauer), établie sur la hauteur des Roches. Celle-ci a dirigé son feu sur les mobiles de la Savoie, qui reculent.

Aube les ramène bien en avant ; mais, de ce côté, l'élan est brisé. Il ne sera plus tenté contre Beaune de nouvel effort jusqu'à l'arrivée de la division Segard (3e).

Division Segard. — Forte de onze bataillons, elle est, à midi, formée par brigades au sud de Jarrisoy. Crouzat la destinait d'abord comme réserve pour le front sud. Mais, comme le 18e corps n'arrive pas, Crouzat fait porter en avant la 1re brigade (Durochat), qui vient s'établir à Foncerive, derrière la brigade Aube, pendant que les deux batteries de la 3e division renforcent, à 1 heure, la batterie de la 2e division, à Foncerive et Vergonville : soit dix-huit pièces qui tirent sur la hauteur des Roches et sur le saillant sud-est de la ville. Ces batteries resteront là jusqu'à la fin de la bataille, sauf une qui ira, de 1 h. 1/2 à 2 h. 1/4, aux Moulins de la Montagne, d'où elle reviendra ensuite à Foncerive.

La 2e brigade (Simonin) envoie le 1er bataillon des Pyrénées-Orientales occuper et mettre en état de défense Boiscommun ; le 2e bataillon agit de même à Saint-Loup. Le reste de la brigade est toujours à l'est de Saint-Loup. (Nous savons que le 78e, de cette brigade, est avec le 18e corps).

Crouzat fortifiait ainsi les deux localités d'aile sur la ligne où il comptait rassembler son corps d'armée en cas d'échec.

Suite de la bataille au nord de Beaune.

A midi, I/57 et la 1re/L sont refoulés sur Romainville par la brigade Brisac de face et, vers le flanc droit, par la brigade Boisson, à laquelle se joint un bataillon de Cathelineau. Une batterie de 4 de la réserve d'artillerie du 20e corps a pris position face au nord, lorsque la batterie à cheval de la 1re division de cavalerie entre en action au sud de Barville.

Le général Woyna a rendu compte à plusieurs reprises à Voigts-Rhetz, qui est à la gare d'Auxy, de la situation. Woyna ordonne à la 1re/l de laisser deux pièces face à Foncerive et de s'avancer avec quatre pièces sur la Pierre-Percée pour protéger la retraite de ce côté.

I/57 a des tirailleurs sur la route de Barville jusqu'au sud du chemin de César, face à l'ouest ; son gros est dans le petit bois de Romainville et sur le chemin qui y mène. Knauer se met en batterie tout près et au sud du chemin de César ; en cinq minutes, le quart de ses hommes et de ses chevaux est par terre. Le major Schœler a ramené son bataillon le long de la route de Barville. Devant le feu de notre infanterie, Knauer doit se reporter en arrière et abandonner une pièce. La 1re/l (trois pièces) se porte à 1.000 mètres plus au sud-est, à droite de la 1re/L amenée entre temps. Knauer rappelle à lui les deux pièces laissées aux Roches. I/57 évacue le bois de Romainville. Schœler se retire par le chemin de César.

Woyna donne alors l'ordre d'abandonner les Roches et de se replier dans la direction de la Rue Boussier, 1 heure. La 3e occupe le front sud-ouest de cette localité ; 1 et 4 sont en réserve. Cranach fait jeter dans cette direction la 6e, un peloton de la 5e et un de la 7e. En deuxième ligne suivent F, 2e et 8e, la compagnie du génie Kleist, 1re/l et 1re/L. Ce mouvement se fait sous le feu lorsqu'arrivent au galop les 1re et 3e batteries à cheval envoyées en renfort par Voigts-Rhetz de la gare vers midi 40 ; elles se mettent en batterie à l'est de la route d'Egry, face à l'ouest et au nord-ouest (1 heure), tirent quelques coups qui ne produisent pas l'arrêt de l'attaque, et se retirent sur la Rue Boussier. La 1re à cheval a subi des pertes importantes provenant du feu d'une batterie de mitrailleuses et d'une batterie placées au sud de la Pierre-Percée, et d'une batterie placée au sud de Bois de la Leu.

Coup d'œil sur la situation vers 1 heure.

Vers 1 heure, la situation est la suivante : nous n'avons fait que peu de progrès sur les faces sud, sud-ouest et ouest ; mais la gauche du 20e corps menace de tourner complètement les Allemands par le nord. Le général Woyna donne alors vers 1 heure, au général Wedell et au colonel Cranach (57e), l'ordre de se retirer sur la crête de la Rue Boussier et d'y prendre avec l'artillerie une position de repli pour recueillir la garnison de Beaune. Woyna et Scherff surveillent directement l'exécution de ces ordres qui amènent, comme nous l'avons vu précédemment, le mouvement des troupes abandonnant la hauteur des Roches.

Seulement, on a oublié de prévenir le 16e ; ou, du moins, le régiment ne reçut aucun ordre. En présence du double enveloppement, on ne doit guère espérer que le 16e se maintiendra longtemps à Beaune ; mais on pense qu'il y tiendra assez pour permettre de s'établir en repli à la Rue Boussier ; c'est compter beaucoup sur le hasard. Quoi qu'il en soit, et si on eût réussi, il eût été douteux que le 16e, éloigné de 2 kilomètres 1/2, pût rejoindre sans courir un sérieux danger de la part de nos troupes qui venaient d'occuper Romainville. Qu'il se maintînt ou non à Beaune, sa situation paraissait presque désespérée.

A ce moment, Scherff a son cheval tué ; il n'en a pas d'autre et cherche à se rendre à Beaune à pied pour conduire le 16e à sa nouvelle position ; il rencontre alors les batteries de Koerber, se procure un nouveau cheval, quand arrive la nouvelle (de qui ? on ne sait) que le 16e a été chassé de Beaune. Et cependant on ne voit pas les détachements du régiment. Scherff envoie alors le lieutenant Bernuth, de l'adjutantur, pour voir où est le 16e et le ramener. Un quart d'heure après, ne le voyant pas revenir, il se dirige lui-même sur Beaune quand, au chemin de César, il rencontre Bernuth qui accourt et qui lui dit que le 16e tient toujours.

Woyna, aussitôt averti, prescrit aux troupes de se reporter en avant, la droite sur Romainville, la gauche sur les Roches, l'artillerie au centre. Il est 2 h. 1/4 environ.

Voyons ce qui se passait sur un autre terrain, car cela est nécessaire pour expliquer les décisions prises par le commandement dans la suite de cette journée.

Le prince Frédéric-Charles était, le 28 au matin, à Pithiviers. Le colonel de Waldersee, de l'état-major, entendant la canonnade, est parti à 9 heures vers Beaune. Il voit la 5e division se rassembler à Dadonville et rencontre, à Boynes, la 1re division de cavalerie inactive, parce que son chef prétend ne rien pouvoir faire sur ce terrain détrempé. (A noter que, sur ce terrain, la cavalerie française a chargé avec succès à Jarrisoy et aux Cotelles, et que les batteries allemandes des IIIe et Xe corps se sont déplacées au grand trot et même au galop.)

Waldersee voit la retraite du 57e, puis se rend à la gare où il rencontre Voigts-Rhetz et son chef d'état-major, le colonel de Caprivi. Waldersee leur annonce que la 5e division pourra intervenir dans le combat vers 1 h. 1/2, ce qui fortifie Voigts-Rhetz dans sa décision de se maintenir sur ses positions. Après l'arrivée de Waldersee, Voigts-Rhetz reçoit du grand quartier général l'ordre de 9 h. 1/2, parti à 10 heures :

« Le 18e corps français, parti de Montargis, descend probablement le Loing ; l'en empêcher surtout par la rive droite. A cet effet, porter dès aujourd'hui une brigade à Château-Landon avec de l'artillerie, y prendre une position défensive et lancer des détachements vers Joigny ; rappeler le général Kraatz, qui doit atteindre ce point aujourd'hui. Le IIIe corps va s'avancer de Pithiviers pour appuyer au besoin le Xe... La 5e division, qui est rassemblée, va marcher sur Beaune. »

Voigts-Rhetz adresse en conséquence à la 5e division la demande de relever rapidement la brigade Wedell à Beaune. Voigts-Rhetz n'ose pas s'affaiblir à Longcourt, car on voit d'autres attaques se préparer de Juranville. Il a, dans la matinée, laissé le capitaine v. Huene auprès de la 19e division pour suivre les événements, lui envoyer les comptes rendus, etc. Huene a vu la perte de Romainville et la retraite sur la Rue Boussier : il ne doute pas que Beaune est pris, ne se donne d'ailleurs pas la peine d'y aller voir, se rend auprès de Caprivi et lui dit : « Beaune est pris. » Il est 1 h. 3/4. L'émotion gagne l'état-major. Voigts-Rhetz se prépare à lancer des ordres de retraite lorsque Caprivi émet l'avis que « la 38e brigade doit se maintenir jusqu'à la dernière extrémité en appuyant vers la droite, et qu'il est urgent d'entrer le plus vite possible en liaison avec le IIIe corps, et de lui demander d'accélérer sa marche ». Le général acquiesce.

Le lieutenant Luttwitz, du 9e dragons, envoyé d'abord, revient, ayant eu son cheval tué sous lui ; il rend compte que l'infanterie française est déjà au sud d'Egry. Le lieutenant Poldbielski, de l'état-major du corps d'armée, lui succède ; il part par la route de Barville, protégé par une compagnie du 78e (lieutenant Wichmann), envoyée vers Egry. Au nord du défilé de la Bretonnière, il rencontre le capitaine Normann, de la IIe armée, le charge de continuer sa mission et retourne vers Beaune. A ce moment, il est rejoint par Waldersee, parti pour tâcher de porter le même ordre par un autre chemin. Poldbielski lui dit ce qu'il a fait et repart vers Beaune, tandis que Waldersee poursuit par Barville sur le IIIe corps.

Scherff est venu à la Rue Boussier avec Huene ; il charge ce dernier de porter à Caprivi la nouvelle que Beaune tient toujours. Poldbielski pousse sur Beaune, entend les défenseurs réclamer des cartouches, et accourt annoncer ces nouvelles à Voigts-Rhetz.

Situation des Allemands à 1 h. 1/2.

A 1 h. 1/2, il y a trois groupes de combat :

1° A Longcourt, le gros du corps d'armée, prêt à s'opposer à l'attaque enveloppante du 18e corps par l'est ;

2° Au cimetière et à Beaune, les troupes que nous connaissons. Aux Roches, il n'y a plus que 5/16 et deux pelotons de 8/16 ; la route Beaune-Boynes est en notre pouvoir, celle de Beaune-Egry dans notre rayon d'action :

3° A la Rue Boussier, le 57e (sauf les fractions du cimetière), la compagnie du génie Kleist et quatre batteries (1re et 3e à cheval, 1re/L et 1re/l).

De Longcourt à Beaune (4 km. 500), il n'y a pas un homme. Entre ces groupes, aucune liaison. En ce moment critique, chacun ne pense qu'à se défendre comme il pourra et par ses propres moyens. Il est probable que, si, à ce moment, la brigade Aube avait eu connaissance de l'évacuation des Roches et qu'elle eût poussé en avant, les Allemands eussent succombé ; mais cette brigade a subi d'assez fortes pertes, et elle reste en position d'attente, espérant des renforts.

La 19e division reprend l'offensive.

A) *Réoccupation de Romainville*. — Apprenant que Beaune tient toujours, le général Woyna veut rechercher plus en avant la liaison avec le IIIe corps, qu'il attend d'un moment à l'autre. Il décide une offensive générale (2 heures) dans la direction de Romainville et des Roches. Les 1re et 3e batteries à cheval se reportent sur les positions abandonnées, à l'est de la route d'Egry ; la 1re/L et la 1re/l se mettent à leur gauche. Trois batteries tirent sur la Pierre-Percée et sur les batteries françaises établies entre la route de Barville et le chemin de César. La 3e à cheval se porte peu après sur la hauteur des Roches. F/57, 2 et 8/57, la compagnie de pionniers Kleist font face aux Roches, sous les ordres du colonel Cranach. Woyna conduit lui-même 1, 3, 4, 6/57, un peloton de 5/57 et un de 7/57.

Schœler dirige 1 et 4 sur la corne sud-est de Romainville, la 3e sur le front est du bois. Soest s'avance du nord contre le village. Nos troupes sont forcées de se retirer sur la Pierre-Percée. Les 1 et 4/57 occupent alors le front sud-ouest du village, puis vont agir contre le bois, attaqué d'autre part par la 3e et un peloton de 1/16. Un violent combat se livre là sans succès.

B) *Réoccupation des Roches.* — Les Allemands réoccupent les Roches au moment où nos troupes commencent leur premier assaut dans cette direction. Vers 2 h. 1/2, craignant pour la trouée dont nous avons parlé, mais qui n'existe plus qu'entre les Roches et Longcourt, Voigts-Rhetz fait venir F/78 de Bordeaux sur Marcilly ; ce bataillon y arrive à 4 heures, assez à temps pour intervenir avec trois compagnies dans la dernière attaque que nos troupes dirigeront de ce côté. En outre, le général envoie un nouveau renfort d'artillerie.

Action de la 1re division de cavalerie.

Le général Hartmann quitte Pithiviers à 9 h. 3/4 et atteint Boynes à 10 h. 3/4. Sa division comprend :

1re brigade (général major v. Leideritz) : 2e régiment de cuirassiers (Poméranie) ; 4e uhlans (2e Poméranie) ;

2ᵉ brigade (général-major Baumgarth) : 3ᵉ régiment de cuirassiers ; 8ᵉ uhlans.

Total : 14 escadrons.

[Le 9ᵉ uhlans (1ʳᵉ brigade), le 12ᵉ (2ᵉ brigade) sont avec les 5ᵉ et 6ᵉ divisions ; un escadron du 8ᵉ uhlans est à Nemours, 1 du 4ᵉ aux avant-postes vers Nancray.]

La division et sa batterie à cheval sont prêtes à partir.

A midi, Hartmann reçoit de Voigts-Rhetz la demande de s'avancer au delà de Barville. C'est alors que la batterie à cheval ouvre le feu sur Batilly. Pendant ce temps, une partie des troupes de Cathelineau (entrées à 8 heures à Batilly) occupent Arconville et mettent le village en état de défense ainsi que Courcelles. La batterie tire sur Batilly jusqu'à 2 heures puis se replie pour se porter sur Beaune. A ce moment, elle est canonnée par trois batteries (deux du 15ᵉ corps envoyées par des Pallières à Crouzat et une de mitrailleuses) établies au nord du chemin de César et sur la butte du Moulin à vent au nord de Batilly, et se replie jusqu'à la butte de l'Ormeteau.

En un mot, la division de cavalerie n'a rien fait pour s'opposer au mouvement tournant du 20ᵉ corps et empêcher la rupture des communications entre Beaune et Barville. Entre 1 et 2 heures, la brigade Boisson conversera vers le nord et la division de cavalerie restera sur son flanc, toujours aussi inactive.

Deuxième assaut du cimetière.

A) *Front ouest du cimetière.* — Au cimetière, nous en sommes restés au moment où notre artillerie cesse, à 1 h. 1/2, le feu qu'elle a ouvert à midi. Nos troupes sont groupées entre 200 et 500 mètres à couvert ; neuf bataillons (deux du 68ᵉ font face à la sortie d'Orme) enveloppent le cimetière. Les Allemands pressentent l'assaut ; en effet, bientôt toute notre ligne se précipite, tirailleurs suivis à 50 mètres par des colonnes en ordre parfait. Pas un coup de fusil, ni d'un côté ni de l'autre.

A 400 pas, les Allemands ouvrent le feu ; celui-ci, bien ajusté, fauche des rangs entiers. La vague avance toujours malgré cela, bien que le feu des défenseurs continue sans arrêt. Enfin la colonne d'assaut est rompue et se disperse de tous côtés. Il est 2 heures.

Le lendemain, on constata que le premier cadavre français était à 80 mètres du front ouest, les derniers à 320 mètres.

Notre artillerie rouvre immédiatement le feu. Les défenseurs continuent à réclamer à grands cris des cartouches. A ce moment ils entendent la batterie de mitrailleuses qui, au nord-est, tire contre la batterie à cheval de la 1re division de cavalerie ; la route d'Egry serait donc prise. Chefs et soldats doivent s'avouer qu'ils sont coupés ; mais les deux assauts déjà repoussés donnent pleine confiance aux hommes ; quant aux officiers, ils sentent qu'il n'y a plus qu'une chose à faire : tenir jusqu'à la dernière cartouche.

B) *Face sud-est du cimetière et front sud-ouest de la ville.* — Sur la face sud du cimetière, la brigade Vivenot s'est jetée en avant avec la brigade Brisac. A partir de la Rolande, les hommes ne tirent plus ; ils vont se lancer sur le cimetière. Le 68e, sur deux lignes, tentera de gagner la sortie d'Orme. L'attaque peut être prise en flanc, entre 400 et 160 mètres, par le peloton de 3/16 placé entre le cimetière et le fossé de la ville ; pour y parer, Vivenot fait canonner le front sud-ouest de la ville par deux batteries placées en avant d'Orme ; une batterie venue de Foncerive et placée aux Moulins de la Montagne tire également sur la sortie sud-ouest de la ville et sur le cimetière.

De ce côté allemand, la dispersion des unités ne permet pas l'unité dans la direction des feux, comme au cimetière.

Par suite de la divergence des directions d'attaque et de l'inégalité des distances, à cause aussi du champ de tir plus ou moins favorable, chaque peloton a son moment spécial pour ouvrir le feu.

Les zouaves traversent le ruisseau ; le feu va commencer. Le feu de front du cimetière, ouvert à 200 mètres, fait de larges vides dans les rangs des zouaves, qui s'avancent cependant lentement ; mais, sous le feu d'écharpe de l'est, le pas se raccourcit à la droite, le mouvement s'arrête et finalement le bataillon de droite se retire jusqu'à la maison à jardin au nord de la Rolande ; ils se maintiennent là longtemps encore. Les deux autres bataillons continuent leur mouvement ; mais à 50 mètres des maisons ils se dispersent sous le feu écrasant de la défense.

Le 68ᵉ n'arrive pas jusqu'à la Rolande ; il se débande avant.

Au sud du cimetière, le premier cadavre (un capitaine de zouaves) est à 30 mètres de la maison occupée par le peloton Lancelle. La zone des cadavres s'étend de 40 à 250 mètres.

Ainsi le deuxième assaut est repoussé partout.

Attaque sur le front sud et les Roches.

A 2 heures, le 20ᵉ corps enveloppe la ville en demi-cercle à une distance de 500 mètres. Jusqu'à 2 h. 1/2, Crouzat attend en vain le 18ᵉ corps. Il donne alors à la brigade Durochat (de Segard) l'ordre de se porter de Saint-Loup sur le front est de Beaune.

A ce moment (2 h. 1/2), il y a donc au sud-est de Beaune :

Trois batteries des 2ᵉ et 3ᵉ divisions ;
Quatre bataillons de la brigade Aube ;
Cinq bataillons de la brigade Durochat ;

Deux compagnies de zéphyrs du 18e corps.

Total : neuf bataillons 1/2.

Notre artillerie a battu jusque-là la hauteur des Roches ;
la fusillade de la brigade Aube augmente au moment où
F/57, venant de la Rue Boussier, réoccupe la hauteur ;
c'est à ce moment que Durochat entre en ligne, à la gauche d'Aube et d'Ormetrou, se déploie face aux hauteurs
avec un crochet offensif à 200 mètres au delà de la route
Ormetrou - Beaune, face au nord.

Quand Durochat a traversé la Rolande et est à hauteur
d'Aube, les deux brigades se portent en avant, la 1re vers
le débouché de la route d'Ormetrou, la 2e vers celui de
la route qui mène à Foncerive.

Occupation du front est.

Avant de parler de l'attaque, jetons un coup d'œil sur
la position allemande de ce côté. Du côté des Roches, la
droite et la gauche de la position allemande sont cons-
tituées par une maison d'école entourée de murs au sud de
la route, et une construction massive (Les Roches) au
nord de ladite route ; la distance entre les deux, de jardin
à jardin, est de 160 mètres. Les Fours à chaux sont à
30 mètres au nord de la route ; il y a là de gros tas de
fagots et de sable, et une vaste fosse à glaise, profonde de
1 mètre environ. A mi-distance entre ceux-ci et l'école,
une autre construction massive ; au sud de l'école et à
l'est du fossé de la ville, trois bâtiments massifs, et, à
60 mètres au nord des Roches, une autre grande maison
massive avec un bon champ de tir.

Au moment où la 19e division a repris l'offensive, nous
avons vu que F/57 (Gerhardt) a été dirigé sur les Roches.
Nous savons également que le 16e commence à réclamer
des munitions ; aussi F/57 reçoit l'ordre de relever le

16e dans Beaune. Mais, à ce moment, Gerhardt voit l'attaque qui se dessine sur les Roches ; l'ordre qu'il a reçu est donc inexécutable. Le major rend compte au colonel Cranach, qui, de sa propre autorité, retient le bataillon aux Roches, sauf la 10e déjà partie, et qui combattra dans le secteur de 9/16, entre une route allant vers le nord à sa droite et la route de Foncerive.

La 11e (Kehler) est aux Fours à chaux ; une partie de la 10e se met dans celui des bâtiments de l'école qui est le plus au sud ; les deux autres bâtiments du nord sont occupés par deux pelotons de la 2e ; à la maison d'école même se trouvent 5/16 et deux pelotons de 12/57 (capitaine Bocksfeld) ; le dernier peloton de 12/57 (lieutenant v. Lancken) occupe la maison au nord de la route. Entre Lancken et Kehler sont deux pelotons de la 9e et un de la 2e.

Entre les fours à chaux et les Roches sont de droite à gauche :

Un peloton de la 9e (Hilken) ;

La compagnie Kleist.

Deux pelotons de la 8e ; le dernier peloton de la 8e occupe la ferme à l'extrême gauche, au nord des Roches.

Jusqu'à la fin de la bataille, il n'y aura pas de changement à cette répartition des troupes. Il n'y a pas de réserve ; tout le monde est sur la ligne de feu.

Le commandement de la hauteur sur le fond de la vallée est de 15 à 20 mètres. On n'a pas le temps de creuser de tranchées ; 11/57 réussit à mettre en état de défense le bâtiment à un étage des Fours à chaux, qui a quatre fenêtres vers le sud ; un peloton occupe cet étage ; à droite et à gauche, appuyé à la maison, on fait un parapet de fagots, long de 20 pas, face au sud, que l'on renforce par des armoires, des matelas, etc. Les deux pelotons restant de la 11e, cachés derrière la maison, viennent occuper cet abri pendant les attaques.

Première attaque sur le front est.

Les troupes allemandes sont à peine placées que notre attaque se dessine. Les brigades Aube et Durochat ont fait un feu violent ; puis, à 3 heures, la brigade Aube s'élance sur le front sud-est. La Rolande est franchie en masses de tirailleurs très denses. Les Allemands commencent le feu à 200 pas ; l'attaque pousse jusqu'à 100 ; mais là, plus moyen d'avancer. La brigade recule en désordre jusqu'aux Moulins de la Montagne.

La brigade Durochat a gagné du terrain ; puis, à 250 pas de la position, elle est accueillie, elle aussi, par le feu de toute la ligne, continue quand même et finalement repasse la Rolande.

Les attaques suivantes sur le front sud-est de Beaune.

Après leur insuccès, les deux brigades ont reculé de 500 mètres environ ; elles se rassemblent pendant que le feu de notre artillerie redouble ; il y a à ce moment six batteries tirant sur les Roches. Plusieurs attaques sont renouvelées dans lesquelles nos troupes ne peuvent s'approcher à plus de 400 pas des positions allemandes. Il est près de 4 heures ; la nuit vient. La canonnade française redouble, puis le feu d'infanterie. Enfin toute notre ligne se jette une fois encore en avant et progresse jusqu'à 200 mètres en masses serrées, puis jusqu'à 100 mètres sans recevoir un coup de fusil. A ce moment, les Allemands font un feu roulant continu ; il fait nuit, mais il n'y a « qu'à tirer dans le tas ». Au bout d'une minute, le feu cesse partout, car les défenseurs n'entendent plus la masse ; celle-ci a dû encore battre en retraite, fauchée par les balles. C'est à ce moment qu'à l'extrême gauche allemande trois compagnies de F/78, venant de Bordeaux et arrivées à Marcilly à 4 h. 50, poursuivent par le feu nos troupes en retraite sur Ormetrou, tandis que la 4ᵉ compagnie reste à Marcilly.

De ce côté, la bataille est finie.

Le 18ᵉ corps arrive bien ; sa tête traverse Foncerive et attaque au sud-est de Beaune; mais la nuit est venue; quelques coups de feu du 18ᵉ corps atteignent les tirailleurs d'Aube, ce qui fait craindre une panique au général Crouzat. Aussi, malgré les offres de Billot de continuer la lutte, Crouzat refuse d'autoriser une nouvelle attaque.

Les attaques suivantes sur les fronts sud-ouest et ouest.

L'échec du deuxième assaut est suivi d'une reprise de la canonnade sur le cimetière, qui dure 3/4 d'heure, et par une fusillade très vive sur le front sud-ouest.

Troisième assaut. — A 2 h. 45, une nouvelle attaque se dessine sur le cimetière, esquissant cette fois un mouvement enveloppant par le nord, rendu possible par la retraite de 1/57. A 300 pas, cette attaque est arrêtée net sur le front ouest ; il en est de même sur le front nord, où nos troupes arrivent jusqu'à 150 mètres.

Sur le front sud (zouaves) et à la sortie d'Orme, même insuccès.

Quatrième assaut. — Il est 3 heures. Les défenseurs ont encore sept cartouches par homme. La canonnade recommence sur le cimetière. A 3 h. 1/2, nos troupes tentent une nouvelle attaque, la plus faible de toutes. Commencée à 600 pas, elle se termine à 400, ayant eu à subir de la part des Allemands un feu lent de tirailleurs ; après ce feu, les défenseurs n'ont plus que trois cartouches chacun ; il en est de même au saillant sud-ouest. Au début, s'ils avaient 7 cartouches, c'est qu'on avait pu envoyer quelques hommes en chercher en ville.

Notre artillerie recommence son feu ; les Allemands s'attendent à de nouvelles attaques ; mais le troisième corps va entrer en ligne, et son artillerie va interdire en germe tout préparatif de nouveaux assauts.

Le III* corps.

La 5ᵉ division (Stulpnagel) a été rassemblée à Dadon-ville, le 28 à 7 h. 1/2, pour être à la disposition de Frédé-ric-Charles. A 9 heures, elle entend le canon de Beaune et se tient toujours prête à marcher. A 10 h. 1/4, Alvensle-ben ordonne à Stulpnagel de se porter jusqu'à Petit-Ren-neville et d'attendre là. La situation devenant alarmante à Beaune, la 5ᵉ division reçoit l'ordre de se porter à Boy-nes (12 h. 40). Stulpnagel atteint Rougemont vers 1 heure ; entendant la fusillade de plus en plus nourrie, il pousse vers Beaune pour appuyer le Xᵉ corps. La division tra-verse Boynes à 2 h. 1/2 ; à ce moment la 1ʳᵉ division de cavalerie se trouve à l'ouest de Barville, et Alvensleben reçoit d'Hartmann l'avis que « Voigts-Rhetz combat avec sa dernière baïonnette ». Hartmann est là cependant avec ses quatorze escadrons pied à terre ! ! ! et prétend qu'il est impossible de parvenir au général Voigts-Rhetz (qui est, on le sait, à la gare d'Auxy) !!!

A Chalmont, Alvensleben donne les ordres suivants :

A la 5ᵉ division, prendre part à la lutte à Beaune ;

A la 6ᵉ (à Pithiviers), se rassembler et se rapprocher de Boynes ;

Au groupe à cheval de l'artillerie de corps (à Bondaroy, près Pithiviers), hâter son arrivée.

La 1ʳᵉ division de cavalerie reçoit du prince, qui vient d'arriver à Chalmont, l'ordre de se porter sur la butte de l'Ormeteau.

La première batterie qui arrive (1ʳᵉ/1 Stoephasius) ouvre

le feu à 1.200 mètres au sud de Barville, à l'est de la route, sur notre infanterie, qui est au nord-ouest du ruisseau de la Fosse-des-Prés, à hauteur de la Bretonnière. Celle-ci tire sur l'avant-garde de la 5e division, qui débouche de Barville. F/52 a été adjoint à la division Hartmann pour refouler notre infanterie que l'on croit à Egry. Hartmann dirige ce bataillon sur Egry où, ne trouvant rien, il fait front vers la Pierre-Percée. Le général v. Schwerin (10e brigade) reçoit alors l'ordre d'enlever la Pierre-Percée et la Bretonnière. Il a :

Six compagnies du 52e ;

Le 3e chasseurs ;

Quatre escadrons du 12e dragons ;

La 1re batterie légère.

L'artillerie est renforcée par les 2e/1, 1re/L, 1re à cheval du 1er régiment, 2e/L qui tirent toutes sur la Pierre-Percée et la Bretonnière, sauf la 2e/L, qui a pris pour objectif Arconville. Vers 4 h. 1/4 arrivent, au sud de Barville, les 1re et 3e batteries à cheval du 3e régiment, qui se placent plus à l'ouest et tirent sur Arconville.

La 9e brigade (colonel de Conta), dès qu'elle arrive à l'est de Boynes, converse vers le sud pour agir sur notre flanc gauche ; ce mouvement est suspendu quand Voigts-Rhetz demande des secours immédiats pour Beaune.

Offensive allemande.

Nous avons laissé Français et Allemands aux prises dans le bois de Romainville.

A) *Reprise du bois.* — Voigts-Rhetz a envoyé quatre nouvelles batteries à Woyna sous les ordres du lieutenant-colonel Schaumann. Celui-ci renforce les batteries de Korber (trois, la quatrième étant aux Roches) ; cette ligne d'artillerie est, entre 4 et 5 heures, immédiatement à l'est de la route d'Egry, ayant cette route devant elle ; elle reçoit une vive fusillade de la lisière du bois de Romainville. Schaumann demande alors à Scherff de faire enlever le bois.

La lisière sud-ouest de Romainville est occupée par I/57 ; Soest a cinq pelotons dans Romainville ; celui-ci va attaquer le bois par le nord, Scherff par l'est avec les hommes de I/57 qui lui tombent sous la main. L'attaque est repoussée par notre feu.

Une nouvelle attaque se prépare avec, en plus, Schœler par le sud-est. Un combat acharné se livre là ; le 85e tient toujours bon lorsque la 5e division fait son entrée en ligne. Alors ceux des nôtres qui sont restés là sont faits prisonniers ; le bois de Romainville retombe aux mains des Allemands.

B) *Marche de la 5e division.* — La 5e division arrive par la route de Barville ; elle est couverte sur son flanc droit par II/24 et le 3e chasseurs. Celui-ci refoule nos troupes de la butte de l'Ormeteau sur Arconville. Le 52e se déploie plus à l'est dans la direction de Bois de la Leu : II à l'ouest de la route Beaune - Barville, 1 et 2 (3 et 4 n'ont pas été relevées aux avant-postes d'Ascoux) et F à l'est.

Le 3e chasseurs, aidé par la 2e/L et trois escadrons du 12e dragons et du 8e uhlans, s'empare d'Arconville, défendu par les tirailleurs de Cathelineau, et se tourne de là vers Batilly. Vers 4 h. 1/4 arrivent du nord-est d'Arconville les 1re et 3e batteries à cheval ; ces trois batteries se portent vers l'ouest.

Notre infanterie bat en retraite partout sous la poussée du IIIe corps et sous le feu de onze batteries (4 h. 1/2) qui canonnent les abords de Beaune, de Gabveau jusqu'à Jarrisoy.

A 3 h. 3/4, la division Polignac, en masses, tourbillonne en retraite vers l'ouest ; toutes les armes sont mélangées. Hartmann est à l'ouest de la Bretonnière. Alvensleben lui fait remarquer que c'est le moment favorable pour charger et recueillir tous les fruits de la victoire. Hartmann consent à *charger au pas*. Ainsi l'occasion est perdue. Cette fameuse cavalerie allemande, si chantée depuis, laisse nos troupes, en complet désordre, s'écouler devant elle ; elle ne bouge pas. Polignac arrive vers minuit à Boiscommun et en arrière.

Crouzat sait peu ce qui s'est passé, soit au 18ᵉ corps, soit sur le front sud-est de Beaune, soit à la division Polignac. Il donne, entre 4 et 5 heures, des ordres pour une nouvelle attaque ; nous y reviendrons.

Derniers combats sur le front sud-ouest de la ville.

Reprise de Bois de la Leu. — Vers 4 h. 1/4, 1/57 a été rassemblé à Romainville. Soest (de II/57) a dépassé la route de Barville. F/52 occupe le bois de Romainville. I et II/52 (52ᵉ, colonel Wulffen) sont engagés dans un violent combat de front, vers Bois de la Leu, contre le 85ᵉ qui en est chassé ; le 3ᵉ chasseurs est à Batilly.

Pendant ce temps, les dix compagnies du 12ᵉ sont à cheval sur la route Beaune - Barville ; les 5ᵉ et 8ᵉ compagnies sont dépêchées sur Beaune par la route pour apporter des secours et des cartouches aux défenseurs, toujours serrés de près. I, suivi de F, doit, à l'ouest de la route Batilly - Beaune, prendre la direction du cimetière pour en appuyer la défense extérieure. L'artillerie du IIIᵉ corps est à l'ouest du cimetière. Il est 4 h. 3/4.

Front sud-ouest. — Une partie des maisons de Beaune est en flammes. Notre artillerie continue un feu violent de Saint-Loup ; ce feu, suivant l'impression produite chez les Allemands, semble couvrir un mouvement de retraite.

Vers 5 heures, le major Scherff rencontre dans Beaune

quelques isolés du 16°, qui lui disent que la barricade de
la route d'Orme est enlevée. Un fort groupe du 16°, conduit par le capitaine Below, confirme ces dires. Scherff
reforme ces hommes, les entraîne à la barricade ; celle-ci
est bien évacuée, mais les Français ne l'occupent pas.
Ohly, avec 12/16 et un peloton de 1/16, est toujours dans
la grange qui est en avant de la barricade, sur le côté
nord-ouest de la route.

Barricade. — La nuit est venue ; il tombe un brouillard
épais. Tout à coup les défenseurs entendent du côté de la
barricade des bruits suspects accompagnés de la rumeur
des troupes en mouvement. Croyant tout fini, Ohly a déjà
rassemblé 12/16 pour l'emmener, lorsque le lieutenant
Haack (1/16) est sommé de mettre bas les armes en même
temps que nos hommes se lancent sur la barricade. Ils y
sont accueillis par un feu infernal à bout portant. En quelques minutes, tout est fini. L'attaque dernière a été menée
par trois compagnies des Pyrénées-Orientales et avec des
fractions de la 2° division. Elle échoue. C'est la fin. Le
lendemain, sur cette route d'Orme, et sur une profondeur
de 150 pas, on verra le sol jonché des cadavres de nos
soldats.

En résumé, Beaune est le triomphe du feu à courte distance, et quoi qu'en disent certains auteurs, qui prétendent
[Sokolof, *Impressions d'un chef de compagnie* (guerre
russo-japonaise)] qu'à partir de 2 ou 3.000 mètres, on est
en butte au feu (tout dépend aussi du terrain), il faut
bien s'avouer qu'à cette distance le feu est complètement
inefficace et même à des distances bien inférieures. Ceci,
bien entendu, n'est pas un principe général ; mais il faut
bien se mettre dans l'idée que les défenseurs n'avaient
presque pas de munitions et que c'est grâce au sage emploi
qu'ils firent de celles-ci que la bataille fut gagnée. S'ils
avaient tiré aux grandes, même aux moyennes distances,
s'ils avaient continué leur feu sur les attaques successives

en retraite, masses qui pourtant devaient tenter les tireurs, en un mot s'ils n'avaient pas ménagé leurs cartouches, Beaune eût certainement été pris après le premier, au plus tard après le deuxième assaut du cimetière (après ce deuxième assaut, il restait 10 cartouches par homme), et, Beaune pris, la bataille était bien près d'être perdue. C'est ainsi que les petites causes (décision de Feige) peuvent avoir parfois d'incalculables effets.

Ordres de retraite de l'armée française.

Après l'échec de la dernière attaque sur la barricade d'Orme, conduite par Crouzat en personne, Billot et Crouzat se rencontrent au sud de Beaune. Billot voulait tenter une dernière attaque que Crouzat eut la sagesse de refuser. Le 18ᵉ corps reçut l'ordre de se retirer en arrière de Maizières, tandis que le 20ᵉ reprendrait les positions quittées le matin. Ce ne fut que le 29 que les diverses divisions furent remises tant bien que mal en ordre et s'établirent à Bellegarde, Saint-Loup et Boiscommun.

Le 20ᵉ corps était complètement désorganisé ; le 18ᵉ était dans une situation un peu meilleure.

B) La bataille à l'aile droite française.

Pendant que le 20ᵉ corps luttait ainsi autour de Beaune, le 18ᵉ, à notre aile droite, livrait, lui aussi, de violents combats.

IV

AVANT-POSTES DE LA 39ᵉ BRIGADE

Le front de Vergonville à Corbeilles, par Juranville et Lorcy, est couvert par la 39ᵉ brigade (colonel Valentini), prolongeant la 38ᵉ brigade, qui est à sa droite, c'est-à-dire à l'ouest.

I/79 fournit le service :

La 1ʳᵉ compagnie, à 1.200 mètres au sud des Cotelles, en contact à l'ouest avec 12/57 (38ᵉ brigade), détache quatre postes. Derrière elle, aux Cotelles, se trouve F/79 ;

La 2ᵉ compagnie est au sud de Juranville et s'étend à l'est, jusqu'à la Marchaise, ayant derrière elle, à Juranville, 1, 2 et 3/56, et à Les Charriers 4/56.

Le major Schmidt (I/79) commande ce secteur.

De Lorcy à Corbeilles, on trouve : 3/79 au sud de Lorcy; 4/79 au sud de Corbeilles, ayant derrière elles, en repli, 3/10ᵉ chasseurs à Lorcy, 1, 2 et 4/10ᵉ chasseurs à Corbeilles.

Le major Prsychowski (10ᵉ/chasseurs) commande ce secteur.

Deux escadrons du 16ᵉ dragons sont affectés à ces

avant-postes, qui comprennent ainsi en tout quatre bataillons et deux escadrons.

Combats à Juranville.

Je n'extrais de l'ordre d'attaque du général Crouzat, commandant l'armée ce jour-là, que ce qui concerne cette partie du champ de bataille :

« Le 28 novembre, à 7 heures, le 18ᵉ corps marchera de Ladon sur Beaune, par Maizières et Juranville, en se couvrant vers Montargis (flanc droit) par une brigade à Lorcy. Une deuxième brigade, venant de Montargis, protégera les derrières contre Ladon. »

a) *Dispositions de Billot.*

En conséquence des ordres reçus, le général Billot prescrit à la 1ʳᵉ brigade (Bonnet) de marcher de Lorcy sur Corbeilles, à la 2ᵉ brigade (Robert) de marcher sur Maizières.

Le colonel Goury, avec quatre bataillons non embrigadés, plus le 53ᵉ de marche, un bataillon de zéphyrs, une partie du 3ᵉ bataillon du régiment de marche de turcos, et la réserve d'artillerie du 18ᵉ corps (soit la 3ᵉ division et la 2ᵉ brigade de la 2ᵉ division) suivront la 1ʳᵉ division.

La brigade Perrin, de la 2ᵉ division (Penhoat) devait s'établir entre Montargis et Ladon ; le jour de la bataille, elle restera à Montargis dans la plus complète inaction.

b) *Déploiement de la 1ʳᵉ division.*

La 1ʳᵉ division est sous les ordres du général Feillet-Pilâtrie. Elle comprend :

2ᵉ brigade (colonel Robert) : 44ᵉ de marche, trois bataillons ; 73ᵉ mobiles de Loir-et-Cher, trois bataillons; total, six bataillons.

1ʳᵉ brigade (lieutenant-colonel Bonnet) : 42ᵉ de marche, trois bataillons ; 19ᵉ mobiles du Cher, trois bataillons ; 9ᵉ chasseurs de marche, un bataillon ; total, sept bataillons.

Artillerie : dix-huit pièces de 4.

Génie : une section.

Brigade Bonnet. — A 4 heures du matin, II/42 se déploie en tirailleurs au nord de Chevenelle, ayant à l'ouest I et III/42.

En deuxième ligne, le 9ᵉ chasseurs de marche.

En troisième ligne, trois bataillons du 19ᵉ mobiles en colonne par bataillon sur deux lignes.

A 6 heures, soit une heure plus tôt que ne l'avait prescrit Crouzat, la brigade entame la marche sur Lorcy, et ses sept bataillons refoulent sur tous les points les avant-postes allemands, qui se replient sur Corbeilles. Le 10ᵉ chasseurs, qui y était en repli moins sa 3ᵉ compagnie, recueille 3ᵉ/10ᵉ chasseurs, et 3 et 4/79. Il y a donc là six compagnies allemandes.

Brigade Robert. — Elle entame, en même temps que la précédente, sa marche par Maizières et Juranville. A Maizières, se trouvait un bataillon du 78ᵉ de marche envoyé par Crouzat pour relier le 20ᵉ corps au 18ᵉ. La brigade marche dans l'ordre suivant :

44ᵉ de marche en première ligne ;

73ᵉ mobiles en deuxième ligne ;

Les trois batteries de la division.

Déployée, elle culbute les avant-postes de 1 et 2/79, malgré l'aide efficace de la 3ᵉ/1, qui a quatre pièces aux Cotelles et deux à Lorcy. La brigade pénètre dans Juranville et en chasse 4/56 accourue au secours de 1 et 2/79.

Le 44ᵉ cherche ensuite à s'emparer des Cotelles, tandis

que III/73 se dirige sur Lorcy pour donner la main à la brigade Bonnet, qui y a laissé 1/42.

Ainsi, à ce moment, une partie des avant-postes allemands se retire sur les Cotelles - Longcourt, l'autre vers le remblai du chemin de fer de Corbeilles, dans une direction excentrique ; il y a donc deux groupes fortement éloignés l'un de l'autre, et, entre eux, un espace de 4 kilomètres que nous occupons.

La retraite du détachement allemand vers Corbeilles. qui était une faute, eut une grande importance. En effet, la brigade Bonnet est entraînée vers l'est, d'où retard de deux heures de tout le 18e corps, qui ne pourra attaquer Beaune de flanc et n'arrivera en face de cette position que le soir, alors que la bataille sera perdue.

1, 2/79 et 4/56 défendent Juranville jusqu'à 9 h. 1/4 ; à ce moment, 1/79 se retire sur Venouille, 4/56 derrière Juranville et 2/79 vers le nord-est du village.

La brigade Robert ne poursuit pas plus loin, occupe la lisière nord et organise défensivement Juranville, qui, dans la pensée de Billot, deviendra son point d'appui d'aile droite.

c) *Intervention de la réserve des avant-postes.*

Dès les premiers coups de fusil, les troupes non employées de la 39e brigade se sont rassemblées au moulin à vent à l'est de Venouille. Ce sont : sept compagnies, dix pièces et sept pelotons des 9e et 16e dragons.

A ce moment (9 h. 40), nous débouchons de Juranville, nous dirigeant vers le petit bois au nord. 1, 2/79 et 4/56 sont revenues sur la hauteur des Cotelles ; 3, 4/79 et 3/10e chasseurs filent sur Corbeilles.

Lorsque la brigade Robert débouche du petit bois (10 heures) et que la brigade Bonnet s'avance vers Lorcy-Corbeilles, le colonel Valentini ordonne au major v. Lindei-

ner (I/56) de prononcer une contre-attaque dans la direction de Juranville, tandis que les sept pelotons de dragons
et deux pièces de la 3e bie/l (lieutenant Siegeiner) attaque-
ront dans la direction de Lorcy. Les dix pièces restantes
de la 3e bie/l et de la 3 bie/L, sous la protection de F/56,
tirent du moulin à vent à l'est de Venouille sur Juranville,
le bois et la route. 1 et 2/79 sont rassemblées à gauche des
pièces dans une grande ferme.

Cette contre-attaque nous oblige à évacuer le petit bois,
mais ne peut s'emparer de la lisière de Juranville.

II/91, envoyé par Voigts-Rhetz pour soutenir la 39e brigade, arrive sur ces entrefaites au moulin des Hommes-
Libres et remplace F/56, qui devient alors disponible.

d) *Reprise de Juranville par les Allemands.*

A 11 h. 1/4, le major v. Kœlichen déploie F/56 de l'est
à l'ouest (11e, 10e, 12e compagnies en première ligne,
9e en deuxième ligne, en ordre serré) et le porte dans cette
formation par l'ouest du bois directement sur la face nord
de Juranville. Seule, la 12e arrive à s'emparer des premières maisons du village, sur la route des Cotelles. Cet
effort a épuisé F/56, qui s'arrête.

Pendant ce temps, II/91 a mis en état de défense la
ferme du Moulin-à-Vent et une maison au sud (bout des
Hayes).

Nous continuons notre mouvement par l'est, mettant
ainsi I et F/56 dans une situation critique. Valentini ne
peut dégarnir les Cotelles, que nous commençons à attaquer par l'ouest. Les deux pièces et les sept pelotons de
dragons envoyés vers Lorcy ont dû reculer. Enfin, nous
dessinons une attaque vigoureuse sur Corbeilles.

La situation est grave pour les Allemands. Voigts-Rhetz,
averti, envoie à 11 h. 1/2, F/91 vers Longcourt, et, à
12 h. 1/4, I/91.

C'est ici que se place un événement excessivement intéressant, et qui montre ce que peut faire un homme résolu, ayant confiance en lui-même et en ses hommes, et pour qui l'initiative n'est pas un vain mot.

Le capitaine de Taysen commande F/91. Au moment du départ, le colonel Valentini ne lui donne aucun ordre. Le lieutenant-colonel v. Hagen, commandant le 91°, lui dit : « Portez-vous en avant et intervenez dans le combat suivant les circonstances. » Il n'y a pas lieu de s'étonner outre mesure d'une mission aussi vague : cela se passera souvent comme ça. Taysen part de la gare d'Auxy-Beaune, ne sachant ni où on se bat, ni dans quelles conditions. A lui de se renseigner. Juranville se trouve dans une dépression, et ce qui se passe en avant de Taysen ne peut être vu que lorsque la crête au nord du village est franchie, c'est-à-dire lorsqu'on est en pleine zone de combat.

Taysen avance lorsqu'il rencontre le colonel Block (du 56°, en première ligne) qui, blessé, va se faire panser en arrière. Il lui demande des renseignements et reçoit cette réponse : « Je ne sais rien de la situation actuelle. »

Peu après, le bataillon arrive en face de Juranville, qui paraît fortement occupé. Taysen n'hésite pas un instant et se décide à attaquer. A partir de Longcourt, il a quitté la grand'route. Il oblique ensuite à l'est, et, de la lisière est du petit bois au nord de Juranville, il décide d'attaquer le village, en se couvrant à l'ouest par ce bois, les 9° et 10° en première ligne, 11° et 12° en deuxième ligne, momentanément groupées. Dans cette formation, il marche quelque temps vers l'ouest et fait converser à gauche les deux premières compagnies, face à la lisière ouest de Juranville. A ce moment, il voit F/56 qui se porte sur le village par le nord-est, et aperçoit des colonnes françaises qui s'avancent de l'est vers le village.

ll n'y a pas un instant à perdre.

9 et 10, qui n'avaient qu'un peloton en tirailleurs, sont renforcées chacune par un de leurs pelotons, le 3ᵉ restant en soutien. Elles ouvrent le feu à 300 mètres de la lisière ouest. La ligne de feu est prolongée au sud par la 12ᵉ, qui a également deux pelotons en tirailleurs et le 3ᵉ en soutien. Celle-ci attaque le front sud. La 11ᵉ est portée en ordre serré à droite et près du soutien de la 9ᵉ.

Le feu redouble au nord (F/56). Taysen en conclut que le moment de l'assaut est venu. Les soutiens se rapprochent, la charge est battue, et toute la ligne se précipite sur Juranville, qu'elle atteint d'un bond, en même temps que le 56ᵉ aborde le village par le nord. Un combat acharné se livre, dans lequel les maisons sont enlevées une à une et où nous perdons 250 prisonniers.

Il est 1 heure. Ceux de nos hommes qui ont pu se dégager gagnent Les Charriers. Plusieurs bataillons s'avancent de Lorcy sur le front est. Le 56ᵉ n'a plus de cartouches et ses deux bataillons (I, major v. Lindeiner ; F, major v. Kœlichen) abandonnent Juranville.

Le colonel Valentini, à une demande de secours du lieutenant-colonel v. Hagen (91ᵉ), répond « qu'il n'entre pas dans les intentions du commandement de rester à Juranville ;..... que le but est atteint, le combat ayant donné le temps au gros du corps d'armée de se rassembler à Longcourt, et que le village peut être évacué ».

Taysen reçoit l'ordre (le premier ordre précis) de se replier sur le moulin à vent de Venouille. Cet ordre arrive au moment où nos troupes sont très près de la face nord-est du village, canonné par le sud et le sud-est.

Il va falloir battre en retraite sous le feu.

Taysen a assigné :

A la 9ᵉ, le front nord-est ;

A la 12ᵉ, le front est.

10 et 11 sont à la pointe sud-est.

I/56 arrive à Venouille, sur lequel se dirige F/56.

L'évacuation est commencée par le front sud, puis 9 et 12 sont reportées au petit bois en position de repli. La retraite continue sur Venouille en formation serrée, sans être inquiétée par nos troupes qui, entrées dans Juranville, ne poursuivent pas au delà.

Après l'évacuation de Juranville, Robert rassemble sa brigade au sud du village.

En première ligne, le 78ᵉ de marche venu de Maizières : un bataillon ;

En deuxième ligne, le 44ᵉ de marche et un bataillon du 73ᵉ : quatre bataillons ;

En réserve le dernier bataillon du 73ᵉ : un bataillon.

Quatre bataillons de la brigade Bonnet sont arrivés de Lorcy à l'est de Juranville.

Deux batteries à l'est du village et deux à l'ouest tirent sur les Cotelles et le moulin des Hommes-Libres.

Evénements à Corbeilles.

Bonnet a laissé I/42 à Lorcy et s'est porté sur Corbeilles où, vers 10 h. 45, les Allemands (3 et 4/79 et 3/10ᵉ chasseurs) sont sur le remblai du chemin de fer, faisant face au sud-ouest.

Corbeilles, dont le saillant sud-est touche à ce remblai, a de ce côté un front de 1.300 mètres. A son angle Est se trouve un parc de 600 mètres et 400 mètres de côté. A 1.300 mètres au nord-ouest, la Rolande et le remblai du chemin de fer forment un défilé qui peut devenir dangereux pour la défense. Le major Prsychowski (10ᵉ chasseurs) a une position en angle obtus dont chaque branche a 1.300 mètres de long ; il a ainsi à couvrir avec ses six compagnies un front de 2 km. 500.

Dès le 27, les issues de Corbeilles ont été barricadées vers le sud, l'est et le sud-ouest, mais il reste encore beaucoup à faire quand les compagnies d'avant-postes sont obligées de se replier. A 9 h. 1/2, le major porte sa 2ᵉ compagnie sur le remblai du chemin de fer, en travers du chemin de Lorcy, et, ne pouvant occuper les deux fronts de sa position, il décide de ne défendre que le front ouest. La 1ʳᵉ compagnie prolonge au sud la 2ᵉ sur le remblai ; la 4ᵉ reste en réserve dans le village.

Quand 3 et 4/79 arrivent à Corbeilles, elles sont dirigées en partie au défilé de la Rolande ; le reste prolonge la ligne de feu vers le nord-ouest. La 3ᵉ/chasseurs se place en crochet offensif à droite.

A 10 heures, nos tirailleurs apparaissent à cheval sur le chemin de Lorcy, à 800 mètres environ. A 450 mètres, la 3ᵉ/10ᵉ chasseurs ouvre un feu lent et bien ajusté, et nos hommes se jettent dans des parcelles de bois, à 250 et 400 mètres du chemin de fer.

Pendant ce temps, la brigade se rassemble pour l'attaque dans le bois en face de la 2ᵉ ; celle-ci laisse approcher les essaims épais et ouvre sur eux, à 180 mètres, un feu nourri qui les rejette en arrière.

Vingt minutes plus tard, nouvelle attaque qui échoue de même. Il est 11 heures. A ce moment, du petit bois situé à 400 mètres part contre la 1ʳᵉ/10ᵉ chasseurs une attaque qui ne réussit pas mieux que les précédentes.

Comme il ne peut réussir de front, Bonnet va tenter un mouvement tournant, et, derrière la crête qui vient de Lorcy, jusqu'au delà du chemin de fer, et qui s'étend jusqu'à Corbeilles, il étend peu à peu ses forces vers l'est.

Nos tirailleurs atteignent le remblai du chemin de fer et prennent d'écharpe la 1ʳᵉ/10ᵉ chasseurs. La 4ᵉ occupe alors la lisière sud-est de Corbeilles, ce qui permet à la 1ʳᵉ de se porter en arrière, ainsi que 2, 3/10ᵉ chasseurs et 4/79.

C'est à ce moment qu'arrive l'ordre de Voigt-Rhetz d'éviter tout combat sérieux et de se retirer sur Longcourt. Il est midi 1/2. A 1 h. 1/2, les six compagnies se trouvent à Longcourt.

Bonnet tâtonne à Corbeilles. Il y laisse le 9ᵉ chasseurs, I et II/42, et dirige quatre bataillons sur Juranville, ainsi que nous l'avons vu précédemment. Ces bataillons y arrivent à 1 heure, alors que l'attaque de la brigade Robert a déjà réussi et que Juranville est évacué par les Allemands.

Arrêt dans la bataille.

Telle est la première partie de la bataille à cette aile. C'est la prise de contact, le combat des avant-postes, le recul de ceux-ci, leur renforcement par les troupes de repli et par des renforts exécutant des contre-attaques, enfin la retraite de tout le dispositif sur la position de rassemblement choisie pour la brigade.

A 1 h. 1/2, la situation est la suivante.

ALLEMANDS. — F/79, aidé par un détachement de pionniers, a mis en état de défense les Cotelles et la position du moulin à vent de Venouille.

Après avoir appris la deuxième perte de Juranville, Voigts-Rhetz a envoyé à Longcourt le colonel Lehmann avec II/78, 1 et 2/78 et trois batteries (1 h. 3/4).

A 2 heures, il y a au moulin à vent de Venouille : II et F/91, I et F/56. Le 56ᵉ a recomplété ses munitions ; ces quatre bataillons sont donc en état de combattre.

Aux Cotelles, F/79.

Au sud du moulin des Hommes-Libres, I/91, 1 et 2/79, et dix pièces de 3ᵉ bᵗᵉ/1 et de 3ᵉ bⁱᵉ/L.

A la gare d'Auxy, 3 et 4/78, 5ᵉ et 6ᵉ bⁱᵉˢ/L, et 3ᵉ compagnie de pionniers.

A Longcourt, II/78, 1 et 2/78, 3 et 4/79, 10ᵉ chasseurs, 1ᵉʳ, 2ᵉ et 3ᵉ es./9ᵉ dragons, 1ᵉʳ et 4ᵉ E/16ᵉ dragons, 2 bⁱᵉ/L, 5ᵉ et 6ᵉ bⁱᵉˢ/l.

A Bordeaux, F/78, 4ᵉ escadron du 9ᵉ dragons et 2ᵉ bⁱᵉ/l.

FRANÇAIS. — Après la prise de Corbeilles, nos troupes se rassemblent sur la ligne Juranville - Lorcy, en vue d'une nouvelle attaque.

Il y a :

A Corbeilles, la brigade Bonnet, moins quatre bataillons ;

A l'est de Juranville, quatre bataillons de cette brigade, prolongeant la droite de la brigade Robert ;

Au nord de Juranville, la brigade Robert, ayant sa droite dans le petit bois ; un bataillon et demi d'infanterie légère d'Afrique ; un bataillon du 78ᵉ (20ᵉ corps) ;

A l'est et à l'ouest de Juranville, l'artillerie ;

Au sud de Juranville, huit bataillons de la 3ᵉ division et la masse de l'artillerie, prêts à marcher sur Beaune ; le 3ᵉ lanciers et le 5ᵉ cuirassiers ;

A Montargis, la brigade Perrin.

Coup d'œil sur la situation vers 2 heures.

Billot devait atteindre Beaune par Juranville et donner, vers midi, la main à Crouzat. Ayant enlevé Juranville à 9 h. 40 (première attaque), il croit pouvoir marcher sur Beaune, la brigade Robert en tête, quand arrivent les capitaines Cardot et Japy, de l'état-major du 20ᵉ corps, qui trouvent le général à Maizières. Il est 11 h. 30. Billot leur assure qu'il sera à midi 30 à Beaune et les deux capitaines rapportent cette réponse à midi à Crouzat, qui se trouve alors à Saint-Loup.

A peine ont-ils quitté Maizières que la contre-attaque

allemande se produit sur Juranville, et que le 44ᵉ et le 73ᵉ en sont chassés. Le général Feillet-Pilâtrie, ayant son flanc droit fusillé de près, doit suspendre sa marche sur Beaune pour chasser d'abord les Allemands de Juranville. Il appuie à droite pour se relier à Bonnet et attaquer Juranville en partant de Lorcy. La brigade Goury, qui devait appuyer Robert, est également obligée de suivre sur Juranville, où sont appelés le 3ᵉ lanciers et le 5ᵉ cuirassiers.

On arrive ainsi à 2 heures, et tout porte à croire que le 18ᵉ corps va trouver devant lui, massées, des forces importantes qui lui barreront la route de Beaune. Il faudra donc attaquer la position Longcourt - les Cotelles.

Telles sont les conséquences qu'eut la contre-attaque énergique du capitaine de Taysen sur Juranville.

Combat à Longcourt - les Cotelles.

a) *Dispositions.*

A 2 heures, la brigade Robert est au nord de Juranville, appuyant sa droite au petit bois ; elle a avec elle un bataillon du 78ᵉ ; quatre bataillons de Bonnet la prolongent à l'est ; et enfin, plus à l'est encore, se trouve le reste de cette brigade.

Quatre bataillons de Goury suivent derrière la gauche de Robert.

Le gros de l'artillerie du 18ᵉ corps forme un vaste demi-cercle au nord-est de Juranville et tire sur Longcourt, les Cotelles et Venouille.

L'attaque va se dessiner de la façon suivante :

Quatre bataillons de Bonnet contre le moulin des Hommes-Libres, qu'ils prennent de flanc ;

Vers le sud-ouest, six bataillons de Robert et un bataillon du 78e (20e corps) ;

Quatre bataillons de Goury doivent assaillir le flanc par l'ouest ;

En réserve, derrière l'aile gauche de Bonnet, un bataillon et demi de zéphyrs.

La brigade Bremens (quatre bataillons) et l'artillerie de la 3e division, derrière Goury, vont sur Vergonville.

Toute l'artillerie du 18e corps, moins celle de la 3e division, est au nord-est de Juranville.

Le 3e lanciers est à côté de la brigade Robert.

b) *Première attaque des Cotelles.*

Ainsi, seize bataillons et demi forment pour l'attaque une ligne de 3 km. 500 de front environ.

Au sud, le 44e de marche et le 73e mobiles marchent sur les Cotelles, où se trouve F/79. Arrivés dans la zone de feu des fusiliers, alors que notre artillerie n'a pas suffisamment préparé l'attaque, ils sont refoulés.

Plus à l'est, les quatre bataillons de Bonnet marchent sur le moulin des Hommes-Libres, mais se replient en désordre devant le feu de l'artillerie allemande, qui avait beau jeu en tirant dans ces troupes à rangs serrés. Ils ont, en effet, été exposés au feu :

De la 2e bie/L., établie sur les hauteurs de Longcourt, à l'est de la route Beaumont - Bellegarde, et qui tire sur le Fournil ;

Des 5e et 6e bies/L. établies sur le pli de terrain au sud-est de Longcourt ;

Des 3e/I. et 3e/L.

Il est environ 2 heures.

Pendant que nos troupes se reforment, ces cinq batteries se portent sur la large crête couverte en avant par le ruisseau de Laveau et continuent de là un feu bien ajusté.

La première attaque a échoué.

c) *Prise des Cotelles.*

La 1re division prépare une nouvelle attaque, et, pour cela, elle s'étend considérablement au nord ; le bataillon et demi de zéphyrs est porté dans cette direction.

Le major v. Steinacker, qui commande F/79 aux Cotelles, voit des masses considérables venant du sud et demande à la 39e brigade l'appui de son artillerie. Le colonel Valentini envoie aux Cotelles, par la route, une section de la 3e b^{ie}/L. (lieutenant Stolterfoth). Cette section traverse les Cotelles, quitte la route au sud du village et oblique vers l'ouest, face à Juranville, pour s'établir sur la hauteur qui se trouve à 300 mètres au sud des Cotelles. Les deux pièces avancent lentement dans le terrain détrempé et se trouvent bientôt sous le feu de notre infanterie. Une des pièces peut ramener ses avant-trains et se reporter en arrière. F/79 envoie un peloton au secours de la deuxième pièce, mais celle-ci doit être abandonnée.

L'officier d'ordonnance du général Billot (capitaine Brugère) a remarqué que la section d'artillerie est sous le feu du 73e mobiles ; s'étant rendu compte de sa situation critique, il court chercher de la cavalerie. A ce moment sortaient de Juranville le 2e E/3e lanciers (capitaine Renaudot) et un peloton du 5e dragons (maréchal des logis Bertignon). Ces cavaliers se déploient aussitôt, traversent nos tirailleurs, dépassent la pièce abandonnée et arrivent devant le village barricadé. Ils se séparent alors, contournent les Cotelles par les deux côtés et arrivent à la sortie nord au moment où, du sud et de l'ouest, notre infanterie s'empare du village.

Il est 3 heures.

Quand F/79 évacue la position, les cavaliers en fourrageurs le chargent et lui font une centaine de prisonniers. Ce n'est qu'au nord des Cotelles que la charge s'arrête et fait demi-tour devant les feux de I/56 et de F/91, qui se sont avancés de Venouille pour recueillir F/79.

Pendant ce temps, la pièce est emmenée.

Cette deuxième attaque a été secondée par les quatre bataillons de Goury, qui ont fait un mouvement débordant vers l'ouest. Quant aux quatre bataillons de Bonnet, leurs efforts restent infructueux jusqu'à la fin de la bataille.

Notre infanterie est à bout de forces ; elle marche et combat depuis 11 heures ; aussi ne fait-elle aucune tentative pour attaquer Longcourt, bien que les Allemands, bientôt après, abandonnent Venouille. Leurs cinq batteries nous tiennent à distance jusqu'à la nuit, malgré le feu du gros de l'artillerie du 18e corps, qui leur répond, mais sans résultat.

La fin de la journée.

Le général Billot a engagé une division et demie ; la 1re se bat depuis l'aube ou, plus justement, depuis la nuit (4 heures du matin, fin novembre), l'autre brigade depuis le milieu de la journée. De la 3e division, une brigade est à Montargis, à 25 kilomètres du champ de bataille.

Il considère toujours l'attaque sur Beaune comme la mission principale du 18e corps. A 3 heures, il est aux Cotelles et il lui reste encore 3 km. 500 à faire pour atteindre Beaune. Il se décide alors à marcher par Vergonville, et s'abstient de toute attaque sur Venouille, qui était déjà évacué par les Allemands, et qui ne fut occupé par nous que plus tard.

Goury a été engagé dans l'attaque des Cotelles. Le rassemblement et la reprise de la marche exigent un certain temps, ce qui amène la brigade Bremens à prendre la tête avec l'artillerie de la 3ᵉ division (dix-huit pièces), tandis que Goury suit en queue. Ce mouvement dangereux reste ignoré des Allemands de Longcourt ; le terrain, en effet, est très couvert ; le crépuscule empêche de voir loin, et notre supériorité numérique oblige les Allemands à ne s'occuper que de ce qui se passe auprès d'eux.

Les éléments détachés du 18ᵉ corps prirent encore une part active aux derniers combats sur le front est de Beaune ; mais il était trop tard, la bataille était déjà perdue de ce côté. J'ai étudié précédemment leur action, je n'y reviendrai donc pas.

En terminant, je citerai seulement l'appréciation de Lehautcourt :

« Bien que le 18ᵉ corps eût, à la fin de la journée, repoussé l'adversaire (1), il n'avait cependant obtenu aucun résultat décisif. A l'aile gauche (2), les Allemands conservaient la plupart de leurs positions, et notre droite n'eut, somme toute, qu'une influence relativement médiocre sur l'ensemble du combat. »

Les pertes.

Dans la bataille de Beaune, nos pertes furent d'environ 8.000 tués, blessés ou prisonniers ; celles des Allemands ne s'élevèrent qu'à 700 hommes.

(1) C'est-à-dire les avant-postes seulement.
(2) Aile gauche allemande.

V

APRÈS LA BATAILLE

Frédéric-Charles croit qu'après cette journée les Français vont reprendre l'offensive le 29 (mouvement supposé sur Paris par la vallée du Loing). Estimant l'armée de la Loire à 200.000 hommes, il pense en avoir 100.000 devant lui tandis que le reste se trouve à Orléans et aux environs, devant la fraction d'armée du grand-duc de Mecklembourg. Il se décide en conséquence à rester sur la défensive.

Les 29, 30 novembre et 1er décembre, on ne fit absolument rien, ni de notre côté, ni du côté allemand. Nous craignions en effet une offensive allemande, et il fallait remettre de l'ordre dans nos deux corps, si épuisés et si durement éprouvés. De leur côté, les Allemands, ayant connaissance du détachement envoyé par le 15e corps dans la direction du 20e (1), crurent que nous nous renforcions pour attaquer de nouveau et restèrent ainsi pendant trois jours au contact immédiat de nos troupes battues, alors qu'une poursuite énergique aurait pu leur être funeste.

Ils ne surent pas profiter du succès.

Conséquences de la bataille.

A Beaune, nous nous sommes battus pour occuper les points prescrits par le gouvernement de Tours « et attendre ensuite des ordres ». Crouzat a été battu ; ce généralissime

---

(1) La division Martin des Pallières.

d'un jour, qui, le lendemain, n'était plus qu'un commandant de corps (car il n'avait le commandement supérieur que pour le jour de la bataille) a tort, naturellement, et le gouvernement s'en prend à lui. C'est qu'en effet cette bataille était, si je puis m'exprimer ainsi, une « bataille politique » ; du gain de la journée pouvaient découler de grandes conséquences : Coulmiers fut une date ; plus d'une puissance étrangère n'attendait peut-être qu'un nouveau succès — et le gouvernement le savait — pour fixer l'attitude qu'elle prendrait vis-à-vis de la France. Malheureusement, Crouzat ne fut pas vainqueur, — et les vaincus ont toujours tort.

L'inaction des Allemands après la lutte permit aux 18e et 20e corps de s'échapper vers le sud, et la faute qu'ils commirent eut comme conséquence le succès — stratégiquement incomplet il est vrai — d'Orléans, le salut de Chanzy sur le Loir et la création de l'armée de Bourbaki.

Le 15 décembre, Frédéric-Charles n'était guère plus avancé qu'à la fin de novembre, et la campagne, qu'une poursuite énergique eût pu terminer peut-être en quelques jours, allait recommencer pour ne finir dans l'Est qu'en mars 1871.

TROISIÈME PARTIE

OBSERVATIONS ET ENSEIGNEMENTS

I

LES TROUPES EN PRÉSENCE

1° Allemands.

a) *Infanterie*. — Le Xe corps venait de Metz. L'infanterie, éprouvée par les durs combats soutenus autour de cette place, avait été complétée par des landwehriens et par de jeunes recrues. Les maladies sévirent parmi ces troupes, et les compagnies comptaient tout au plus 160 fusils. Ces compagnies avaient souvent pour chefs des officiers de landwehr, et cependant l'examen des faits montre que ces officiers surent accomplir leur tâche. Il est bon d'ajouter que tous, officiers et hommes, avaient pour eux la force morale. C'étaient des vainqueurs ; leurs bottes martelaient le sol de l'adversaire et la gloire avait déjà marqué de son sceau la fameuse brigade Wedell.

b) *Cavalerie*. — Les régiments de la 1re division de cavalerie, rattachée à la IIe armée, appartenaient tous à la cavalerie lourde ou de ligne, alors que le commandant d'armée (prince Frédéric-Charles) estimait qu'une guerre contre des « insurgés » exigeait de la cavalerie légère, entraînée au service d'éclaireurs, armée et équipée en conséquence. Aucun de ces régiments ne possédait de carabines : il fallait donc prévoir que, dans le service d'éclaireurs, ils ne pouvaient être chargés de missions importantes qu'avec l'adjonction de l'infanterie.

Nous avons vu que cette cavalerie ne sut pas profiter des circonstances et qu'à 1.200 mètres sur le flanc de la division Polignac en pleine déroute, elle laissa celle-ci s'échapper et ne chargea pas. Ce fut pour nous une heureuse aubaine, due à la « philosophie » du général Hartmann. Que nous voilà loin de Kellermann, chargeant la colonne victorieuse de Zach à Marengo, de Ziethen à Jagendorf, de Landon à Kolin, de Seydlitz à Zorndorf, de Murat à Austerlitz, de Lassalle... partout !

Quant à la cavalerie divisionnaire, elle fut largement à hauteur de sa tâche et sut assurer d'une façon parfaite, remarquable :

La sécurité pendant la marche ;

La liaison entre les colonnes ;

Le service de renseignements et de reconnaissance aux avant-postes.

Si la cavalerie a rendu d'importants et signalés services dans ces différentes missions, on ne peut lui adresser les mêmes louanges au point de vue du combat. Pendant toute la durée de la bataille, elle n'a fourni aucun renseignement au commandement sur la marche de l'action, sur le nombre, l'effectif et la direction de nos colonnes. Enfin, à l'aile droite française, après la prise des Cotelles, elle perdit le contact et laissa Billot exécuter une audacieuse mais périlleuse marche de flanc à portée des fusils et des canons allemands.

c) *Artillerie*. — Je n'en parle que pour mémoire. Il est inutile de rappeler sa supériorité sur la nôtre, c'est chose trop connue.

Deux événements, cependant, permettent de tirer une leçon de sa conduite à la guerre. Il semble aujourd'hui que l'on veuille, même avec notre batterie de quatre pièces, fractionner encore celle-ci et faire agir l'artillerie par section, parfois même par pièce (1). Je crois que c'est une faute.

Aussi qu'est-il arrivé aux Allemands dans cette bataille de Beaune où, connaissant leur supériorité à ce point de vue, ils n'hésitèrent pas à porter des sections d'artillerie au secours de leur infanterie en péril ? C'est que cette force minime, entrant en liaison trop étroite avec l'infanterie, est amenée à se croire partie intégrante de celle-ci et à s'aventurer dans la zone des feux de l'infanterie adverse.

Résultat :

Aux Cotelles, la section de la 3ᵉ/L (lieutenant Stolterfoth) est annihilée, et une pièce est prise sans que cette section ait pu rendre les services qu'on était en droit d'attendre d'elle ;

A Beaune, quatre pièces de la 1ʳᵉ/l (capitaine Knauer) viennent se mettre en batterie au milieu des tirailleurs et sont prises de front, de flanc et à revers par une violente fusillade. En cinq minutes, le quart des hommes et des chevaux est par terre, la batterie est forcée de se replier et d'abandonner une pièce. Et encore, les trois autres ne furent-elles sauvées que parce que le major Schœler (I/57) reporta toute sa ligne en avant dans un suprême effort.

Il est de toute évidence qu'il faut que l'artillerie non seulement soutienne l'infanterie, mais soit en relation constante avec elle. Pour cela, point n'est besoin d'être sur la même ligne : c'est affaire d'agents de liaison. C'est ce que j'ai vu mettre en pratique d'une façon remarquable aux grandes manœuvres de 1905, dirigées par le général Bru-

---

(1) C'est du moins ce qu'on remarque souvent dans les manœuvres.

gère, aux environs de Brienne-le-Château, où une batterie
(du 30ᵉ ou du 32ᵉ, je ne me rappelle plus au juste) ne nous
quittait pas (le 82ᵉ). C'était « notre » batterie, et son chef met-
tait en pratique, bien avant qu'elles ne fussent parues, les
prescriptions de M. le général Percin, communiquées aux
corps de troupe en 1908.

2° Français.

a) *Infanterie.* — Nos fantassins furent admirables dans
ces journées sanglantes ; malheureusement, leur courage
ne fut pas récompensé. Si les Allemands furent enfin vic-
torieux, c'est parce qu'ils eurent des *soldats* à opposer à
nos *hommes.* Le 18ᵉ et le 20ᵉ corps ne comprenaient, en
effet, que des **régiments de marche** et des mobiles ; ce
n'étaient pas, à proprement parler, des corps constitués,
mais des agglomérations d'hommes.

Que ceux qui pensent pouvoir remplacer une armée ré-
gulière, fortement organisée, par des milices étudient
attentivement les événements qui ont eu pour théâtre le
Gâtinais : ce leur sera une précieuse leçon. Ils verront que
nos hommes ont fait l'impossible, qu'ils se sont fait tuer
avec le brio qui est la caractéristique de notre race. Mais
le résultat, où est-il ? Qu'a donné cette généreuse, cette
glorieuse hécatombe ? Rien. Et qu'on suppose pour un
instant qu'au lieu des 18ᵉ et 20ᵉ corps, on ait eu là les
vieilles troupes de Mac-Mahon ou de Canrobert : le résultat eût certainement été tout autre.

b) *Cavalerie.* — J'ai montré ce qu'elle avait fait et
comment elle avait dignement soutenu sa réputation de bravoure et d'audace. Elle chargea contre l'infanterie à Boiscommun, elle chargea contre l'infanterie embusquée dans
la localité des Cotelles ; elle eût chargé l'artillerie de Knauer
si elle se fût trouvée là, comme elle eût chargé la cavalerie

de von Hartmann, si économe de ses hommes et de ses chevaux.

Elle chargea même parfois à tort, ou du moins ses chefs : tel le lieutenant-colonel Basserie au combat de Maizières. Je ne reviendrai pas sur ce sujet ; j'ai dit et je répète que ce n'est plus là un acte héroïque, mais une folle et inutile équipée. Ah ! que Murat, à Eylau, se mette à la tête de ses quatre-vingts escadrons pour ne pas « nous laisser dévorer par ces gens-là » ; que les dragons de Somo-Sierra chargent dans un boyau ; que les cuirassiers de Morsbronn se sacrifient ; que Margueritte et ses chasseurs d'Afrique arrachent au vieux roi Guillaume ce cri désormais historique : « Ah ! les braves gens ! » cela se conçoit. Mais, ici, la situation ne comportait aucune action de ce genre.

La cavalerie française, en 1870, ne connaissait ni le service d'exploration, ni le service de sûreté. Ce que les régiments actifs ignoraient, on ne pouvait certes pas le demander aux régiments de marche qui composaient la cavalerie des 18e et 20e corps.

Aussi le service de renseignements fut-il nul. Il devait l'être longtemps encore. En 1893, mon régiment, le 82e, manœuvrait contre le 131e, précisément dans cette région de Beaune. J'étais en petit poste avec ma section vers le Martroy, entre Beaune et Saint-Loup-des-Vignes, face au sud. A un certain moment, j'aperçus un peloton de chasseurs à cheval ; son chef, un lieutenant, faisait une reconnaissance dont le but, dans ce terrain couvert et coupé, était de fouiller la zone de terrain où les patrouilles d'infanterie ne pouvaient aller, à cause de l'éloignement ; or, il se promenait consciencieusement entre les petits postes et les grand'gardes.

Il n'en est certes plus de même aujourd'hui ; mais cet exemple montre que, vingt-trois ans après les dures leçons de la guerre, il y avait encore beaucoup à faire pour être au point.

c) *Artillerie*. — Le combat de notre artillerie n'offre aucun caractère marquant. Dans le combat de localités, elle prépara les attaques vers Beaune. Du côté de Juranville, il semble qu'elle n'ait pas secondé suffisamment la marche d'approche de nos colonnes, et cependant, là, au début, elle eût eu beau jeu, car elle n'aurait eu affaire qu'à l'infanterie adverse.

ÉTAT MATÉRIEL DE L'INFANTERIE

Les Marches.

1° Allemands.

Nous avons vu que l'armée d'investissement de Metz, dont faisait partie le Xe corps avant sa campagne dans le Gâtinais, avait subi des pertes nombreuses en partie comblées par la landwehr et les recrues.

Pendant l'investissement, l'infanterie avait perdu l'habitude de la marche ; aussi, dès les premières étapes pour marcher sur la Loire, le nombre des éclopés fut-il considérable. Les Allemands prirent toutes les précautions pour diminuer ce nombre le plus possible ; ils firent un large emploi des voitures de réquisition pour transporter et les sacs des hommes et les malades. En outre, chaque bataillon emmenait avec lui sur deux voitures, parfois sur quatre charrettes à deux chevaux, deux à quatre jours de vivres.

Voici comment ils opéraient. Les voitures étaient fournies par les habitants, chez lesquels on requérait également les conducteurs ; mais il fut presque toujours impossible de conserver ceux-ci, qui mettaient généralement à profit la première nuit pour s'enfuir. On employa alors comme conducteurs des éclopés d'abord, et plus tard des hommes pouvant être appelés à cet emploi par leur profession. Quand une voiture devenait inutile, elle devait, conformément aux ordres du corps d'armée, être laissée contre reçu à la première commune. Que ces voitures retournassent toujours à leurs propriétaires, c'est une autre question.

Cependant, à Montargis, un ordre de la commandature, signé du lieutenant-colonel de Rappard, le 24 décembre 1870, prescrit de mettre à la disposition des Allemands (et cela dura jusqu'en mars 1871) vingt voitures avec des chevaux. Dans le volumineux dossier de la guerre, à l'hôtel de ville de Montargis, au chapitre « Réclamations », je n'en ai trouvé aucune concernant soit les voitures, soit les attelages.

Il faut bien dire que, dans cette région, la discipline était parfaite chez les Allemands ; tout se passait dans le plus grand ordre. Ainsi, ils s'efforcèrent d'éviter de faire passer les voitures de réquisition d'un département dans un autre, quand, toutefois, la chose était possible. Sinon, des échanges étaient faits aussitôt que les circonstances le permettaient.

La chaussure des troupes de la IIe armée souffrit particulièrement, par suite des marches incessantes et très longues que ses corps durent fournir.

Des ordres prescrivirent que « ... les cordonniers de compagnie seront conduits en voiture pendant les marches, afin de pouvoir dormir tant bien que mal. A l'arrivée au cantonnement, ils pourront ainsi travailler toute la nuit. On recherchera dans les cantonnements les chaussures civiles ».

Les cordonniers reçurent une solde spéciale ; il leur fut accordé une indemnité ainsi qu'aux cordonniers civils requis. Dans les villes, on eut recours aux fabriques de chaussures et aux approvisionnements existants ; mais cela ne donna que peu de résultats, les chaussures faites dans cette contrée ne correspondant nullement aux modèles allemands. Aussi les Allemands préférèrent-ils, dans leurs réquisitions, fixer un prix pour les chaussures : 25 francs pour une paire de bottes ; en cas de non-versement,

20 francs d'amende par paire et par jour. Ils préféraient l'indemnité en argent, qui leur permettait l'achat de cuir pour faire les bottes suivant le modèle. A ce point de vue, ils furent favorisés ; car, dans cette région du Loiret, il existe beaucoup de tanneries.

Un chiffre va donner une idée de l'importance des réquisitions. Celle que Frédéric-Charles ordonna pour son armée fixait, au seul département du Loiret, un chiffre de 30.000 paires de bottes.

Terminons en disant qu'en vue de la campagne d'hiver, les troupes furent pourvues de capuchons et de couvertures (en moyenne une couverture pour deux hommes). Les essais de la 9ᵉ division aux manœuvres du Centre, en 1908, semblent indiquer que nous entrons dans cette voie, au moins en ce qui concerne le capuchon.

2ᵉ Français.

Au regard de cette organisation, que dire de la nôtre ? Dès le début de la campagne, l'intendant du 3ᵉ corps télégraphiait au ministre, le 3 août :

« ... Le 3ᵉ corps quitte Metz demain. Je n'ai ni infirmiers, ni ouvriers d'administration, ni caissons d'ambulance, ni fours de campagne, ni trains... »

Le commandant du 7ᵉ corps télégraphiait le 31 juillet :

« Le 7ᵉ corps n'a aucun approvisionnement du service des subsistances ; il vit au jour le jour. »

Si, au début de la guerre, la situation était telle, que penser de la tâche énorme imposée à des commandants de corps formés d'éléments disparates, rassemblés en hâte et qui, certainement, manquaient de la plupart des organes nécessaires à leur organisation.

Pour dépeindre cette situation, je donne un exemple entre tant que l'on pourrait citer. Le 26 novembre 1870, l'avant-veille de la bataille de Beaune, le maire de Montargis, M. Garnier, prenait les dispositions suivantes :

« Le maire de Montargis,

» Invite ses concitoyens à transporter le plus promptement possible sur la plate-forme du château, derrière les murs du cimetière, ainsi que sur la montagne du Christ, la quantité de vivres nécessaire à la nourriture d'environ 1.000 soldats français qui sont campés à l'un et à l'autre de ces endroits. Le transport de paille et de bois rendrait les plus grands services. »

Les troupes dont il est question ci-dessus appartenaient au 18e corps, venant de Gien ; je n'ai pu savoir si c'était ou la brigade Perrin, qui, le 28, resta à Montargis, ou la brigade Bonnet, portée, le 26, à Platteville, à 4 kilomètres ouest de Montargis, ou la brigade Hainglaise (plus tard brigade Robert), portée le même jour à Saint-Maurice-sur-Fessard, à 8 kilomètres ouest de Montargis.

D'après les renseignements de témoins oculaires, renseignements recueillis d'un Montargois qui était secrétaire de la mairie en 1870-1871, ces troupes n'avaient pas de vivres; les hommes mouraient de faim. La plupart n'avaient que des chaussures absolument hors de service et des vêtements en lambeaux. C'étaient eux, pourtant, qui allaient se faire tuer si bravement autour de Beaune.

Installation des troupes.

Partout et toujours, même au contact, les Allemands cantonnèrent. A côté de cela, que se passe-t-il chez nous ? On ne connaît que ce mot : *camper*. Legs funeste, ainsi que tant d'autres (actuellement encore, la surcharge de l'homme) qui nous a été légué par l'ancienne armée d'Afrique.

Et on campe par tous les temps, on laisse exposés à toutes les intempéries de pauvres diables qui n'ont que des guenilles sur le dos, alors que les maisons françaises sont là tout près, les maisons françaises qui, depuis le 21, ont abrité les Allemands.

Singulière aberration !

A Pont-Noyelles, le 23 décembre, ne voit-on pas également nos troupes camper en pleine neige par un froid de 15 à 20°, sur la rive gauche de l'Hallue, alors que les troupes de Gœben et Manteuffel se chauffaient bien tranquillement à Beaucourt, à Béthencourt, Fréchencourt, Querrieux, Daours et Pont-Noyelles !

A Montargis, alors que le Xe corps utilise le cantonnement, en plein pays ennemi, menacé depuis le sud-est jusque vers le nord, les Français campent ; et où ? sur des hauteurs exposées à tous les vents et surtout au plein vent du nord, en des endroits où nous nous gardions bien de faire l'instruction des jeunes soldats par le mauvais temps, parce qu'il était presque impossible d'y résister.

Que n'aurait-on pas obtenu, si, au lieu de ces hommes éreintés, mais marchant quand même, on eût disposé de troupes n'ayant pas semé inutilement aux quatre vents du ciel une grande part de leur énergie ?

III

INITIATIVE DES CHEFS

J'ai montré ce qu'avait fait à l'aile gauche allemande le capitaine de Teysen, dans la crise qui se passa à Juranville, lorsque, lancé sans ordres, en pleine tourmente, il sut dégager, de la situation confuse qui se présentait à lui, ce qu'il convenait de faire.

A l'aile droite, il se présente un fait encore plus caractéristique. Là c'est un chef qui reçoit des ordres et qui, prenant la pleine responsabilité de ses actes, se décide à ne pas les exécuter, parce que, lui, il *voit* et se rend compte que l'ordre qui le concerne ne lui serait pas donné si on pouvait juger de la situation comme lui peut le faire.

Sous la poussée de la brigade Vivenot (de la 2e division Thornton, du 20e corps), le major Wehren (II/57), qui tient les avant-postes au sud de Beaune, entre les routes de Boiscommun et de Maizières, ordonne à ses compagnies de se retirer sur les Roches, à l'est de Beaune ; puis il se porte aux Fours à chaux, près des Roches, pour marquer lui-même le point de rassemblement à ses compagnies, qui arrivent de deux directions, 5 et 7 d'Orme, 6 et 8 de Jarrisoy. A ce moment, vers 11 h. 1/2, il voit la position critique de I/57. Celui-ci, commandé par le major Schœler, tenait les avant-postes à l'ouest de Beaune, de Batilly à Queschevelle ; il a été repoussé par les brigades Boisson et Brisac (1re division : Polignac). dont la première tente un mouvement enveloppant par la Pierre-Percée, au nord de Beaune. Wehren juge que, par suite de ce mouvement enveloppant, 5 et 7 pourront difficilement gagner le point de rassemblement, et leur envoie l'ordre d'accélérer la marche.

Ces deux compagnies obliquent vers le cimetière, car la route d'Orme est enfilée par une batterie de 12.

Le capitaine Natzmer, de 3/16e, commande le front sud-ouest de Beaune. Il voit le mouvement de retraite des deux compagnies et demande au capitaine Feige, commandant la 7e compagnie, de le soutenir en restant dans son secteur. Feige a déjà reçu deux fois l'ordre de se retirer sur les Roches. Du cimetière, il voit nos masses qui avancent sur Beaune. Il n'hésite pas un instant et se décide à occuper le cimetière.

A ce moment, lui arrive du colonel v. Cranach un troisième ordre de se retirer sans retard par Beaune. Le porteur de l'ordre repart avant que Feige ait eu le temps de lui donner une réponse. Notre feu redouble. Feige décide de rester où il est et prend la direction des deux compagnies : la sienne et la 5e (lieutenant Lancelle).

Grâce à cet esprit d'initiative et de décision d'un officier, le cimetière va devenir en quelque sorte le réduit de Beaune, et tous nos assauts viendront se briser contre ses murs et le feu de ses défenseurs. Nos troupes, au nord de Beaune, ne pourront s'avancer plus vers l'est en laissant cette menace sur leur flanc droit, d'où résultat immense, suite de la décision prise. Et cette décision est prise après mûre réflexion. L'homme qui s'est engagé là sait ce qu'il fait et ce qu'il risque. Après le premier assaut, Feige dit à Lancelle : « Nous avons agi contrairement à un ordre plusieurs fois donné ; il nous faut vaincre ou mourir ; autrement, gare le peloton d'exécution ! » Et, comme à ce moment les obus pleuvent sur le cimetière : « Nous y sommes déjà ! » réplique Lancelle. N'est-ce pas là la réponse d'un vieux Gaulois ?

Je citerai encore le cas du général Voigts-Rhetz.

Le Xe corps, marchant sur une seule route d'après l'ordre de la IIe armée du 11 novembre, devait atteindre Joigny le 18 avec sa tête. Il avait déjà fait de dures étapes, étant parti de Metz le 1er novembre.

A partir de Châtillon-sur-Seine, où la tête du Xe corps arriva le 13, l'attitude des populations changea. Il fallait s'attendre à être attaqué d'un moment à l'autre, car les troupes françaises avaient évacué cette ville vingt-quatre heures auparavant. Le 15, le général reçut avis que, le 16 ou les jours suivants, une surprise de ses colonnes devait être tentée par les francs-tireurs. Le même jour eut lieu la surprise de Chablis. Le 16, I et II/57 furent harcelés par la fusillade pendant toute la marche. Le 17, un détachement fut dirigé sur Chablis, où se livra un nouveau combat. Le 18, eut lieu le combat d'Esnon.

Le 19, le Xe corps atteint Joigny. Ce jour-là, il y a repos. Dans la matinée, arrive seulement l'ordre du 16, de la IIe armée, prescrivant d'être le 20 à Montargis avec une forte tête. Or, de Joigny à Montargis, il y a 54 kilomètres, c'est-à-dire deux étapes. Voigts-Rhetz, qui sait l'état de fatigue de son corps d'armée, répond immédiatement : « Impossible d'être, comme le porte l'ordre du 16, à Montargis le 20 avec une forte tête ; on ne le pourra que le 21. »

Ainsi, il n'hésite pas à contrevenir à l'ordre donné par Frédéric-Charles qui ne connaissait pas les événements qui se déroulaient de ce côté-là ; il ne veut pas mettre ses hommes sur le flanc et ne reprend la marche que le 20. Ce jour-là, son premier échelon atteint Courtenay, et, le lendemain, il est à Montargis, soit vingt-quatre heures plus tard.

Il paraît que, dans l'armée allemande d'aujourd'hui, le manque d'initiative se fait sentir. Dans la nôtre, on ne peut nier que l'initiative, chez tous, soit portée au plus haut point. Tant pis pour les autres, tant mieux pour nous (1).

---

(1) « Il y avait une proportion beaucoup trop petite d'officiers qu'on pût employer volontiers dans des missions indépendantes, et qui possédassent pour cela assez de force de jugement, de caractère et d'esprit d'entreprise. C'est une dure vérité, et nous avons de sérieux motifs de chercher à améliorer cette situation. »

(Colonel V. ESTORFF : Conférence faite à Berlin sur les opérations contre les indigènes insurgés de l'Afrique sud-occidentale. Voir *France militaire* des 9 et 10 juillet 1911 : « Opinions allemandes; l'initiative ».)

IV

AVANT-POSTES

Les avant-postes de la 38ᵉ brigade, fournis par le 57ᵉ régiment, occupent le jour de la bataille, 28 novembre, un front de 7 km. 500, de Batilly à la Jarry-Basse. Le 16ᵉ régiment est dans Beaune, à 3 km. 500 en arrière des éléments avancés du dispositif en cordon qui a été adopté. Si l'attaque se produit sur ce grand front, les avant-postes ne pourront offrir qu'une résistance bien faible. Ce fut ce qui arriva.

A l'est du réseau, le schéma est moins net ; le pays est tellement couvert qu'on a dû multiplier les postes, ainsi que nous l'avons vu à l'exposé de la bataille (page 50).

Le point de rassemblement du régiment avait été fixé aux Roches, hauteur à l'est de Beaune. Ceci obligeait I/57, qui occupait le nord-ouest de la ligne d'avant-postes, à contourner Beaune pour atteindre ce point, qui pouvait convenir à II/57, et qui convenait parfaitement à F/57, dont c'était la ligne naturelle de retraite par la route Maizières - Beaune.

Du moins, de ce côté, le point de rassemblement en cas de retraite était nettement désigné ; mais il se trouvait à 2 km. 500 derrière les éléments avancés de F/57, à 3 km. 500 de ceux de II/57, à 5 kilomètres de ceux de I/57. Cependant, par suite de la grande étendue des avant-postes et de la position de la ville derrière leur centre, il aurait certainement mieux valu indiquer à chaque bataillon un point de rassemblement, au lieu d'un point unique pour le régiment.

A la 39ᵉ brigade, l'organisation est plus rationnelle,

quoique, à mon avis, on eût pu disposer la troupe d'une façon plus judicieuse. Il y a là deux secteurs ; deux compagnies sont en première ligne dans chaque secteur ; elles ont derrière elles, en soutien, à proximité, des groupes d'un bataillon. Au lieu du dispositif en cordon de la 37e brigade, nous trouvons ici le dispositif en profondeur, prêt pour le combat, et nous avons vu, par l'exposé des faits, que ce dispositif donna tout ce qu'on était en droit d'en attendre.

Avec ce dispositif, I/79, occupant un front de 7 kilomètres environ, échappait infailliblement à l'action de son chef, non pas dès l'ouverture du combat, mais déjà lors de la prise des avant-postes.

L'utilisation des troupes aurait été meilleure si les troupes de repli avaient appartenu aux mêmes éléments qui fournissaient les postes avancés ; si, par exemple, en admettant qu'on ait employé au même rôle des effectifs égaux, on avait eu de l'ouest à l'est :

I/79, F/79, I/56, 10e/chasseurs ayant chacun une compagnie en première ligne et trois compagnies en repli.

Il y aurait eu ainsi quatre secteurs au lieu de deux, mais des secteurs nettement déterminés de bataillon.

Il semble que, de ce côté, on n'ait pas fixé de ligne de retraite aux avant-postes. De toute façon, s'il n'y avait pas d'ordres, la ligne de retraite naturelle était vers le nord-ouest, vers Longcourt. Nous avons vu que 3, 4/79 et 3/10e chasseurs prirent une direction excentrique vers le chemin de fer de Corbeilles ; c'était une faute qui pouvait leur coûter cher et qui eut pour les Allemands une influence considérable sur le reste de la bataille, puisqu'elle obligea la brigade Bonnet à s'étendre vers l'est, l'empêchant ainsi de se joindre à la brigade Robert pour les attaques vers Juran-ville - les Cotelles, immobilisant le 18e corps et, somme toute, le retardant suffisamment pour l'empêcher d'entrer en ligne à Beaune, ou du moins l'obligeant à n'y paraître que vers la fin de la journée, alors que le sort nous avait été défavorable.

Dans cette maudite guerre, tout se tourna contre nous ; même les fautes les plus lourdes de l'adversaire lui profitèrent. Nous semblions marqués du sceau de la fatalité... et nous le fûmes.

V

COMBAT DE LOCALITÉS

1° Allemands.

Organisation défensive. — Voigts-Rhetz, concentré le 24 novembre à Beaune (1), annonce, dès le 25, qu'il est décidé à se battre sur cette position. Nous avons vu que celle-ci était dédoublée : d'un côté, Beaune ; de l'autre, Longcourt - les Cotelles. La bataille s'est livrée le 28. Qu'at-on fait, à Longcourt, pour l'organisation défensive ? Absolument rien. Les quelques travaux faits ont été exécutés au cours même du combat.

A Beaune, il n'y eut aucun ordre émanant du commandement, et, comme les premiers intéressés à l'ouvrage n'étaient pas dans le secret des dieux..... ! ! Donc, aucune organisation méthodique ; les compagnies firent ce qu'elles voulurent. De plus, les régiments, qui dans chaque brigade alternèrent aux avant-postes, ne s'entendirent pas pour la continuation des travaux simplement ébauchés.

Aussi le résultat fut-il maigre. Le 28, on n'avait réussi qu'à munir le mur d'enceinte du front sud d'une simple banquette permettant de tirer par-dessus. Les faces ouest et nord de Beaune demeurent complètement ouvertes ; or, au moment où la 19e division reprit l'offensive, nous étions arrivés au nord de la localité, et nous aurions pu y

---

(1) Il manque au X° corps :
1° La brigade Kraatz, de la 20° division, à Joigny;
2° Le détachement du lieutenant-colonel v. Boltenstern, envoyé à Château-Landon pour détruire la ligne du Bourbonnais : II/56, 5 et 6/79, 2° et 4° E./1" reiter, deux pièces de la 10° batterie.

entrer sans coup férir. Les routes venant de Venouille et de Batilly ne furent même pas barrées ; celle de Foncerive était fermée par une mauvaise barricade de tonneaux et de planches. Sur la route d'Orme, seule, fut établie une barricade sérieuse et qui joua un rôle important, grâce à l'énergique défense du capitaine Ohly, de 12/16e.

On n'a ni déblayé les abords, ni rasé les buissons le long de la Rolande, ni détruit les ponts des routes d'Orme et de Foncerive, ni enclavé dans la défense le cimetière qui sera le pivot de la bataille, ni fait d'abatis, de tranchées, d'emplacements de pièces, ni repéré les distances de tir. Un seul chef, le major v. Zulow (II/16), fit marquer les distances jusqu'à 600 mètres au sud des Roches, au moyen de bouchons de paille. Il est vrai que ce dernier « oubli » n'eut qu'une importance secondaire, les Allemands, soit par la discipline du feu, soit à cause du peu de munitions dont ils disposaient, n'ayant tiré qu'aux petites distances, et pour ainsi dire « dans le tas ».

Ajoutons que les quelques travaux faits le furent par l'infanterie, et que la compagnie de pionniers ne servit absolument à rien. C'était pourtant le cas où jamais de l'utiliser.

Quant au combat en lui-même, hâtons-nous d'ajouter que ce fut une merveille.

2° Français.

Je ne dirai qu'un mot de la fortification du champ de bataille que nous fûmes amenés à faire, notre rôle offensif ne s'y prêtant guère, — du moins avec les idées de l'époque.

Aussitôt Juranville enlevé aux Allemands, nos troupes fortifièrent rapidement ce point d'appui, en occupant les maisons des lisières, en barricadant les entrées, en perçant des créneaux, en occupant même le clocher !

Un bon point pour elles.

VI

LES POINTS D'APPUI

Qu'était donc ce fameux cimetière de Beaune, qui joua un si grand rôle dans la bataille ? Tout simplement un rectangle de 60 mètres sur 120, entouré d'un mur massif de 4 pieds de hauteur à peine.

Après l'échec du premier assaut, tenté à 11 h. 25 par la brigade Brisac à l'ouest et par la brigade Vivenot au sud, notre artillerie concentre son feu sur cet étroit espace. Il y a là :

Une batterie de 12 près du chemin de César ;

Une batterie de 4 un peu en retrait ;

Deux batteries de 4 au sud de Bois de la Leu ;

Une batterie de 4 au nord de bois de la Leu.

A midi 1/2, trente pièces tirent sur le cimetière. A 1 heure, le mur est en ruines ; les hommes, couchés, sont couverts d'une grêle de fer et de pierres.

A 1 heure, une nouvelle batterie entre en action. Toute cette artillerie est à l'ouest du cimetière. Les maisons au sud du cimetière sont en feu. Les Allemands y tiennent quand même, et ils y tiendront jusqu'à la fin de la journée, ayant supporté pendant quatre heures le feu de trente-six pièces. A noter qu'une autre batterie prenait la position d'écharpe des Moulins de la Montagne, au sud-est de Beaune.

Ainsi, c'est cette position du cimetière et de la sortie de la route d'Orme qui, jusqu'à la nuit (le dernier assaut de la barricade d'Orme, conduit par Crouzat lui-même à la tête de trois compagnies, fut repoussé par le capitaine Ohly en pleine nuit), immobilise une division et demie de nos forces.

Ici, j'ouvre une parenthèse. Dans les manœuvres à double action, j'estime qu'on ne tient pas assez compte de l'importance des points d'appui pour décider à qui doit être accordée la palme du vainqueur. On décide souvent d'après les éléments ci-après : A a une compagnie, B une et demie ; donc A, fatalement, doit être battu. On admet à grand'peine que si des travaux de fortification ont été élevés, que si des points d'appui ont été organisés, et que si A possède cinq sections, il sera presque à égalité. Il y a là une faute énorme. Que nous voilà donc loin de la réalité des faits et des leçons de la guerre !

Si on veut ne faire intervenir que la question d'effectifs, autant dire tout de suite que, nous mesurant avec les Allemands, nous serons toujours et irrémédiablement battus. Je m'étonne que les pacifistes à outrance, ceux qui craignent surtout les trous à leur peau, n'aient pas profité de cet argument que leur donnent bénévolement les arbitres.

Il est bon de rappeler cette opinion de v. der Goltz, dans ses *Leçons militaires de la guerre sud-africaine* :

« Dans nos travaux d'études, kriegspiel et voyages d'états-majors, nous avons eu le tort de nous baser trop souvent sur un calcul *stupide* d'effectifs pour décider de la victoire en faveur de l'un ou de l'autre parti. »

Ainsi, le problème ne se résout pas comme cela de but en blanc. Sa solution demande la mise en équation d'éléments nombreux et variés dont les diverses combinaisons totalisées indiquent à peu près mathématiquement qui doit être le vainqueur, et qui le vaincu ; — théoriquement s'entend, car il est une donnée de coefficient toujours inconnu : *le moral de la troupe.*

Quel est le but de la guerre ? C'est de mettre hors de combat le plus grand nombre possible d'adversaires ; et, cependant, on ne peut dire que le chiffre des pertes, à lui seul, suffit à indiquer le vaincu. A Gênes, en 1800, Masséna disposait de 9.000 hommes et en perdit 3.000. Mélas en avait 75.000 et en perdit 18.000, six fois plus que Masséna. Mélas fut pourtant le gagnant de la partie.

Tout est relatif. Prenons une compagnie de 200 hommes et une section de 50 opposées l'une à l'autre. Supposons 25 hommes hors de combat de chaque côté. Doit-on considérer les pertes comme étant égales. Théoriquement, oui. Mais regardons au fond des choses. La compagnie reste avec 175 hommes, elle n'est que légèrement entamée, tandis que la section, ayant perdu 50 p. 100 de son effectif, est détruite moralement.

Je sais que, si l'on tenait compte du nombre de fusils alignés, du réglage du tir, de la densité des troupes sur lesquelles on tire, de la position prise par les hommes, etc., il faudrait que l'arbitre eût une machine à calculer, et il serait nécessaire d'avoir autant d'arbitres que de sections engagées ; cependant, on ne peut laisser en dehors de la question ces données diverses qui en font partie... et qu'on néglige toujours.

Il faut absolument nous pénétrer non seulement de l'importance des points d'appui, mais de celle de la fortification du champ de bataille (ne sont-ce pas là, d'ailleurs, des séries successives de points d'appui ?). Il n'y a qu'à relire les observations ministérielles faites chaque année à la suite des grandes manœuvres pour se rendre compte que nous ne sommes pas encore pénétrés, en France, de la nécessité du défilement sous le feu, surtout à courte portée. Ou alors, nous exagérons ; pour un coup de fusil parti on ne sait d'où, il ne faut faire terrer ni sa section, ni sa compagnie, etc. ; pour un coup de canon, non plus.

On voit cependant de moins en moins le panorama de

beaux panneaux se détachant sur les crêtes. Cela a été dur. Il y avait là une question d'atavisme où l'on retrouvait les Gaulois marchant le torse nu à la rencontre des Romains, ou disant à Alexandre qu'ils ne craignaient qu'une chose : « Que le ciel ne tombât sur leurs têtes » ; — ou encore les troubadours de Fontenoy lançant leur fameux : « Tirez les premiers, Messieurs les Anglais ! » C'était déjà l'entente cordiale. Il y a là trop de ce que j'appellerai la bravoure inutile et surtout maladroite, trop de chevalerie.

Qu'on lise et qu'on relise ce qui s'est passé en Mandchourie. Pour terminer ce paragraphe, je citerai les paroles d'un officier russe interviewé par un Français, G. de la Salle, après la bataille du Cha-Ho :

« Ah ! cette guerre !... Dire qu'on ne les voit jamais, les cochons ! Savez-vous comment il faut se battre maintenant ? Il faut faire comme vos apaches, ne jamais se laisser voir, ramper sournoisement, traîtreusement, et jeter un coup de fusil inattendu. Il faut vivre sur les genoux, se tapir dans des tranchées, se terrer comme des bêtes, tirer... Dieu sait où ! Et nous autres, Russes, nous ne sommes pas faits pour ça ! »

Nous autres, Français, non plus, nous ne sommes pas faits pour ça. Et pourtant, il faudra bien nous y faire. Cela ne nous empêchera pas, au besoin, de faire comme les héroïques troupes de Nogi, à Port-Arthur, — d'y aller carrément..... comme y allèrent les braves gens qui rougirent de leur sang les terres de Beaune, et dont les 1.800 cadavres crient hautement leur valeur et leur noble courage.

VII

COMBAT EN RETRAITE

Deux événements des plus intéressants peuvent être cités comme exemples de combats en retraite, et dans des cas absolument différents.

1°

A l'aile droite, la retraite d'un bataillon aux avant-postes reculant pied à pied en rase campagne.

C'est I/57 (major Schœler). Ce bataillon, aux avant-postes, couvre 2 kilomètres ; ses quatre compagnies occupent respectivement les localités de Batilly, Saint-Michel, Gabveau et Queschevelle.

Devant l'attaque des brigades Boisson et Brisac (1re division du 20e corps : Polignac) et de la brigade Vivenot (de la 2e division du 20e corps : Thornton), soit en tout dix-sept bataillons et quart, elles abandonnent Batilly et Saint-Michel à 9 heures, Gabveau et Queschevelle à 9 h. 1/2, et vont, d'un bond, prendre position à 2 km. 500 en arrière, la gauche appuyée au cimetière. Elles s'y trouvent à 10 h. 1/4, encadrant la 1re/L qui vient à leur secours.

A 11 h. 1/2, elles occupent une troisième position à 600 mètres de la précédente, et, à midi, une quatrième à 800 mètres plus en arrière. Elles ont mis trois heures pour défendre cette zone de terrain profonde de 4 kilomètres, en luttant contre des forces écrasantes.

A 2 heures, on les retrouve passant à l'offensive, lorsque le général Woyna reporte sa division en avant.

Ceci se passe de commentaires.

2°

A l'aile gauche, c'est la retraite d'un bataillon qui, à la suite d'une contre-attaque, a réoccupé un village, mais qui se voit assailli par des forces supérieures ; c'est II/91, capitaine Taysen, qui a repris Juranville.

Je ne rappellerai pas le combat que j'ai décrit dans la première partie de ce travail. Les deux compagnies les plus rapprochées du bois s'y jettent, en position de repli ; 10 et 11 évacuent ensuite Juranville, et tout le bataillon file sur Venouille.

La grosse affaire ici n'est pas de s'accrocher au village et de le défendre pied à pied ; car, à la sortie des dernières maisons, on se trouve sous le feu de l'adversaire. Il faut évacuer rapidement et rompre le combat, opération délicate et difficile. Le capitaine Taysen réussit parfaitement et d'autant mieux que nos troupes, dans cette circonstance, négligèrent de se porter au débouché pour accabler de leurs feux l'ennemi en retraite ; elles commirent certainement là une lourde faute.

Ainsi, à des situations différentes, à un but autre, bien que les opérations qui s'y rapportent soient comprises sous la dénomination unique de « combat en retraite », s'imposent des solutions tout à fait dissemblables. C'est là qu'il faut appliquer ce paragraphe de l'article 28 du règlement sur le service en campagne, paragraphe qui devrait être l'épigraphe de ce règlement :

« En toutes circonstances, le jugement (on pourrait ajouter aussi le bon sens) sera le meilleur guide dans le choix des moyens les plus propres à satisfaire à la mission d..... »

Ne cherchons pas trop dans les leçons des cours ; quand nous sommes en face d'une situation, ne disons pas : « Dans cette situation, à tel endroit, X... a fait ceci » ; mais bien plutôt : « Si X... était là, que ferait-il ? » Entrons pour un moment dans la peau de X... et agissons comme si c'était lui.

VIII

LES MUNITIONS

————

1° Allemands.

Le fantassin allemand avait un approvisionnement total
de 161 cartouches. Afin de contrebalancer le feu vif et à
longue portée de l'infanterie française, qui avait un fusil
supérieur, il fut amené à tirer plus souvent à de plus grandes distances qu'il n'en avait l'intention et l'habitude. Dans
ces conditions, la consommation des cartouches atteignait
bientôt un chiffre considérable. Aussi s'explique-t-on qu'il
ne fut pas rare de voir l'infanterie allemande gênée, dans
son action pendant le combat, par le manque de munitions.

C'est ainsi qu'à la contre-attaque qui fut exécutée par le
capitaine de Taysen contre Juranville avec F/91, F/56, qui
a participé à ce mouvement par le nord du village, est
obligé de l'abandonner aussitôt, parce qu'il a brûlé toutes
ses cartouches.

Le 28, la 38ᵉ brigade consomma toutes ses munitions du
sac et des cartouchières ; les caissons de F/16 et de I/57
furent complètement vidés, et, malgré cela, malgré les em-
prunts faits au 52ᵉ et au 12ᵉ, les compagnies de ces bataillons, à la fin de la bataille, n'avaient plus en moyenne que
3 à 5 cartouches par homme.

Après le deuxième assaut du cimetière, chacun des défenseurs n'avait plus qu'une dizaine de cartouches. A partir
de 2 heures, le cri : « Munitions ! munitions ! » se propa-
geait sur toute la ligne, du cimetière jusqu'aux Roches.
Dans Beaune, F/16 avait encore relativement beaucoup de
cartouches ; de même le demi-peloton de 2/16 qui était à

la sortie de la route de Batilly. Ces deux groupes donnèrent une partie de leurs munitions, n'en gardant que 5 ; les cartouches furent portées par des hommes que guidait directement le capitaine Natzmer, commandant I/16. Grâce à ces mesures, les hommes du cimetière et du front sud-ouest eurent une moyenne de 20 cartouches lorsque commença le troisième assaut du cimetière. A 3 h. 1/2, lors du quatrième assaut, il leur en reste 7 ; après celui-ci, ils n'en ont plus que 3.

Après le deuxième assaut du cimetière, le lieutenant-colonel Sannow, commandant le 16e régiment, décide d'amener les caissons qui se trouvaient à Egry. Le lieutenant Mohs (F/16) s'offrit pour aller les chercher. Mais arriverait-il ? Nous occupions à ce moment la Pierre-Percée, entre Beaune et Egry ; Romainville venait d'être repris par les Allemands. Mohs partit à Egry, attela le caisson de huit chevaux et partit au trot. A hauteur de Romainville, nos tirailleurs, embusqués à 600 mètres de là, tuent deux des chevaux de l'attelage. Le caisson oblique à l'est, à travers champs et jardins, dans un terrain détrempé. A 3 h. 1/4, il arrive aux Fours à chaux, où se trouve II/16. On fait passer les cartouches jusqu'à la droite, deux hommes par caisse les portant vers l'ouest. Elles arrivent jusqu'au cimetière.

Le lieutenant Bermuth voulait amener les caissons des deux autres bataillons du 16e. Pour arriver à Beaune, il devait passer devant les batteries du lieutenant-colonel Schaumann (1re et 3e à cheval, 1re/L, 1re/I), en batterie à l'est de la route Egry - Beaune, face au bois de Romainville ; mais telle était alors la violence du combat que Schaumann refusa de suspendre le feu pour laisser passer les caissons ; ceux-ci restèrent donc en arrière.

Le lieutenant v. Rège devait amener le caisson de F/57 ; mais, au moment de partir, son cheval reçut une balle dans la tête, et l'animal, affolé, n'obéit plus à son cavalier. L'opération ne put donc se faire.

Morale. — Si les caissons. au lieu d'être à Egry, à 4 kilomètres des troupes engagées, se fussent trouvés plus près, il n'y aurait pas eu manque de munitions. Qu'au début de la journée, alors qu'on attendait le gros effort du sud, on les ait portés sur la direction naturelle de retraite qui était Pithiviers, fort bien ; mais entre 6 heures du matin et midi on aurait dû faire manœuvrer cet échelon ; on ne le fit pas. Si l'on n'avait eu que l'intention de défendre le terrain pied à pied en se retirant sur Barville, où était la 5ᵉ division, la position des caissons se comprenait. Mais, du moment que l'on voulait nous arrêter à Beaune, il fallait mettre aux mains des défenseurs le plus possible d'atouts dans leur jeu, et le plus important pour eux, après l'organisation défensive, c'était l'augmentation des munitions. Ce qu'il fallait faire avant tout, c'était, avant le combat, distribuer les cartouches des caissons.

Pour remédier à la situation fâcheuse provenant de cette faute ou de cet oubli, les chefs durent recourir à un moyen : retarder le plus possible l'ouverture du feu. Il fallait pour cela des hommes disciplinés, attentifs aux commandements, et ayant pleine confiance en leurs chefs : c'est ce que furent les Allemands.

2° Français.

De notre côté, je ne dirai rien au point de vue du remplacement des munitions. Nos hommes avaient sur eux une dizaine de cartouches de plus que les fantassins allemands. En outre, les attaques furent toujours exécutées par des forces supérieures à celles de l'adversaire. On ne manqua de munitions à aucun moment.

IX

DISCIPLINE DU FEU

J'ai dit que les Allemands, à Beaune, aux moments les plus critiques, disposaient d'un petit nombre de cartouches. De là, nécessité impérieuse de la discipline du feu. Ménager les munitions était pour eux une question de vie et de mort ; ils le sentirent et la discipline du feu fut parfaite.

A 11 h. 1/2, lors du premier assaut sur le cimetière (cinq pelotons et demi sont au cimetière, deux pelotons et demi dans les maisons au sud, soit en tout un peu moins de trois compagnies), le feu n'est ouvert contre nos masses qu'à 400 pas. Nos troupes renouvelant l'assaut, on les laisse cette fois approcher à 250 pas, et, sur ces lignes épaisses suivies de colonnes, on ne tire que pendant trente secondes, que juste jusqu'au moment où elles sont obligées de faire demi-tour. Il faut en effet prévoir les assauts suivants, car on n'en est qu'au 1er acte de la pièce.

Au même instant, l'attaque des deux bataillons du 68e mobiles sur la sortie de la route d'Orme échoue également, ayant été repoussé de la même façon.

A 1 h. 1/2, au moment où les trente-six pièces qui tiraient sur le cimetière cessent subitement leur feu, le capitaine Feige, qui commandait là, crie : « Debout ! » Nos masses s'avancent pour la seconde fois quand le feu recommence sur son ordre : « A 400 pas, feu ! » Nos hommes avancent quand même, mais le feu continue et le deuxième assaut échoue.

Il est 2 heures.

Notons que, pendant ce deuxième assaut du cimetière, les défenseurs sont pris à revers par une de nos batteries établie aux moulins de la Montagne.

Dans cette deuxième attaque, les zouaves sont décimés par un feu tiré dans une zone allant de 250 à 40 mètres du front sud. La maison des Zouaves (c'est la dénomination sous laquelle elle est connue à Beaune) leur fit beaucoup de mal. C'est une petite bicoque dont les murs furent troués de créneaux ; il y en avait une vingtaine dans la face sud, et quand je la visitai en 1903, le propriétaire, le même qu'en 1870, me fit voir les trous qui avaient été rebouchés au mortier et dont on voit toujours la trace.

A l'est de Beaune, aux Fours à chaux des Roches, les Allemands se sont simplement dissimulés aux vues en utilisant tout ce qui leur tombait sous la main : fagots, paille, tonneaux, meubles.

La consigne donnée est de ne tirer que « sur l'ordre ».

De ce côté, à 3 heures, la brigade Aube :

34ᵉ mobiles des Deux-Sèvres. 3 bataillons. }   4

Mobiles de la Savoie........ 1   —   } bataillons, marche à l'attaque. On n'ouvre le feu sur elle qu'à 200 pas, et on l'arrête net. Et il est à noter que, dans cette partie du champ de bataille, le champ de tir est découvert jusqu'à 900 pas.

La brigade Durochat :

47ᵉ de marche. .... 3 bataillons. }   5

Mobiles de la Corse. 2   —   } bataillons, attaque par la route de Foncerive.

Les défenseurs sont prêts à tirer quand le colonel Cranach dit au major Gerhardt, de F/57 : « Laissez-les approcher encore ! » Le feu n'est ouvert qu'à 250 pas. La brigade est arrêtée et se disloque.

Une remarque importante est à faire ici. Fritz Hœnig dit à propos de ces assauts sur l'est de Beaune : « Une fumée si épaisse couvrit le terrain que toute observation devint impossible. Ce n'est que quand nous nous dîmes que les Français avaient dû atteindre depuis longtemps notre position, ou alors qu'ils avaient fait demi-tour, qu'on commanda : « Cessez le feu ! »

Et, dans cette crise, il ajoute : « Les hommes tombaient de fatigue, ils s'asseyaient pêle-mêle ou s'accroupissaient sur le sol, le dos au mur, le fusil entre les jambes, semblant se désintéresser de ce qui se passait en avant. »

Mais les gradés veillaient.

A la tombée de la nuit, vers 4 heures, il y eut de ce côté une deuxième attaque. Au cri de : « Debout ! ils viennent ; préparez-vous au feu rapide », les hommes se levèrent vivement, et, à 300 pas, firent un feu qui obtint le même résultat que le précédent.

Les dernières attaques furent faites dans l'obscurité (attaques à l'est et au sud-ouest); elle furent arrêtées, les unes par un feu lent à 100 pas, les autres par un tir à bout portant (barricade de la route d'Orme ; capitaine Ohly).

Au cimetière, les troisième et quatrième assauts furent repoussés de la même façon. Après le quatrième, les hommes n'ont plus que trois cartouches. En conséquence, le capitaine Feige ordonne que, s'il se produit d'autres attaques, on les laissera approcher à 100 pas, et on sautera dessus à la baïonnette. C'eût peut-être été une faute ; mais l'ordre donné prouve le moral et des chefs qui le prescrivent et des soldats qui s'apprêtent à l'exécuter.

Ce qui est le plus difficile à obtenir dans l'exécution des feux, ce n'est pas tant l'ouverture de ceux-ci (et cependant les Allemands durent avoir une tension nerveuse excessive), c'est la cessation. Or, au cimetière, le feu fut arrêté à trois reprises différentes, rapidement et complè-

tement, sur l'ordre du chef, et par l'intermédiaire immédiat des sous-ordres ; — une autre fois, à cause de la
fumée, pour **constater** l'effet de la première décharge ;
deux autres fois enfin, sans que l'ordre ait été donné,
mais parce que les hommes sentaient le besoin de **conser**-
ver pour les occasions ultérieures le peu de cartouches
qui leur restaient.

En un mot, on peut dire que Beaune fut le triomphe
du feu à courte distance. Et mon opinion est qu'il en
sera toujours ainsi. Il ne faut pas croire que, sous pré-
texte qu'on a pour outil un fusil qui porte à 3 kilomètres,
on fera des hécatombes d'ennemis aux grandes distances.
On n'obtiendra jamais celles-ci qu'aux moyennes et surtout aux petites distances, et la seule raison de ce résultat
c'est qu'alors on voit bien le but. C'est ce qui explique le
triomphe du feu allemand au cimetière, à la sortie d'Orme
et aux Roches.

X

FLANQUEMENT

Les attaques contre Beaune échouèrent non seulement par l'action des feux directs, mais encore par celle des feux de flanc. Les attaques contre le sud du cimetière furent prises en flanc par le nord et l'est ; celles contre les Roches, par le nord et l'ouest.

A remarquer que la courtine entre les points d'appui de la sortie d'Orme à l'ouest et de la sortie de Foncerive à l'est, courtine longue de 300 mètres, et où il n'y avait personne, ne fut pas attaquée.

C'est une chose que j'ai souvent remarquée dans les exercices à double action : les deux adversaires ne pensent souvent qu'à leurs flancs, de sorte que la plupart du temps, en marchant droit devant soi, on enlèverait une position sans difficulté.

L'ATTAQUE FINALE

La plupart du temps, la victoire finale n'est obtenue que par l'assaut des positions.

On a dit et répété : « Avec les armes perfectionnées et la force de pénétration des projectiles d'aujourd'hui, il n'y aura plus d'assaut, il n'y aura plus d'attaque à la baïonnette ; ce ne sera plus possible. » On s'était surtout basé, pour lancer cette affirmation, sur les événements de la guerre sud-africaine, qui n'était somme toute qu'une guerre de détachements, malgré les effectifs importants des Anglais.

Comme quelqu'un faisait remarquer à un grand général de l'antiquité que les armes de ses soldats étaient plus courtes que celles de ses adversaires : « Tant mieux, répondit-il, ils s'avanceront plus près. » Les Allemands ne le comprennent point ainsi et ont remplacé leur couteau-baïonnette par une épée ou sabre-baïonnette plus long.

La guerre russo-japonaise est venue donner un éclatant démenti aux formules que des synthétistes trop prompts avaient tirées de la guerre de l'Afrique australe. Les batailles qui se sont livrées soit dans le Liao-Tung, soit en Mandchourie, et dans lesquelles, parfois, un demi-million de combattants se trouvaient face à face, fourmillent d'exemples d'attaques finales et d'assauts à la baïonnette où celle-ci joua un rôle, et un rôle très grand et décisif.

De ce que certaines attaques décisives échouent, s'ensuit-il qu'elles doivent toutes échouer ? Evidemment non ; et c'est le tort que nous avons de généraliser à outrance et de conclure immédiatement du particulier au général. On peut recommencer vingt fois de suite un même exercice de service en campagne sur le même terrain, et y trouver chaque fois quelque chose de nouveau. Ne serait-ce pas encore bien plus le cas en campagne, où des facteurs nouveaux et terriblement inconnus interviendraient constamment ?

Tout est simplement question d'accommodation. Ce qui était permis à la colonne Macdonald à Wagram, au corps Drouet d'Erlon à Waterloo, ne le serait plus aujourd'hui. Dans le cours même d'une campagne, les procédés tactiques peuvent être profondément modifiés. C'est ainsi qu'après les pertes énormes que subit la garde prussienne à Saint-Privat (6.500 hommes), parurent chez les Allemands des instructions préconisant de nouvelles méthodes de combat, méthodes qui furent mises en application par la 2ᵉ division de la garde (général v. Budritzki) à l'attaque du Bourget, le 30 octobre. Aujourd'hui même, cette attaque du Bourget, exécutée de la même manière et dans les mêmes conditions, ne réussirait plus. On prendrait d'autres formations, voilà tout.

Mais vouloir faire des attaques décisives avec quelques minces lignes de tirailleurs considérablement espacées en profondeur est un véritable non-sens et ne peut amener que des échecs.

Il faut des lignes minces, c'est vrai, mais des lignes ou plutôt des éléments de ligne, des groupes nombreux, des vagues qui se succèdent, qui arrivent incessamment de l'arrière, *à courte distance* les unes des autres, poussent les éléments avancés, et qui, malgré tout, formeront une masse, non pas compacte, mais, si je puis m'exprimer ainsi, *une masse diluée.* Ces deux termes semblent contradictoires à première vue ; il n'en est rien cependant.

Ce qu'il faut, en un mot, c'est mettre en pratique ce que dit le lieutenant-colonel Laithiez, du 73ᵉ, dans son travail : *Pour nous mettre d'accord :* « Les formations les plus dangereuses sont encore les formations en ordre mince — véritable poussière humaine — incohérentes, indirigeables, négation du feu, négation du mouvement, vouées à l'avance à toutes les paniques, et à la merci du premier retour offensif de l'ennemi. »

Eh quoi ! dira-t-on, vous prêchez contre vous. Non, car dix, vingt, trente formations minces échelonnées à 20, 30, 50... pas ne sont plus *une* formation mince, mais une masse.

C'est ce que recommande le général L*** dans *Les Grandes Manœuvres de 1905* :

« Faites des lignes minces, de division facile, qui puissent progresser avec de très petits abris où vous ferez des arrêts, et qui feront marcher tout le monde, peu à peu, avec *discontinuation*. »

Donc, pas d'assaut, pas d'attaques finales avec la poussière d'hommes. Comme nous le disait cet été M. le colonel de Laporte dans la critique d'une manœuvre à double action aux environs du fort de Boussois : « Quand on veut assommer quelqu'un, ce n'est pas en écartant les doigts pour frapper, c'est en fermant le poing. »

Comme le dit aussi Loukhiane Carlovitch, *alias* général Cardot : « Tâchez moyen de taper ferme et tapez dans le tas ! »

J'ai eu l'honneur de servir sous les ordres de M. le général H. Langlois, alors qu'il commandait la 17e brigade d'infanterie. Nous expérimentâmes ses « idées » sur l'attaque décisive aux manœuvres de 1897, entre Montargis - Sens - Montereau - Joigny, et je me rappelle les dispositions d'une contre-attaque faite sur un flanc et presque sur les derrières de l'ennemi. On m'objectera peut-être que ce n'est pas là une attaque décisive en vue d'un assaut. Mais où est-ce écrit qu'il faille absolument que l'assaut soit donné sur une position de face ? Nous donnions l'assaut

à ceux qui se préparaient à le donner à notre parti.
Le résultat devait être et fut le même.

Je ne me rappelle plus les données exactes du thème,
mais le voici à peu de chose près : la brigade était
arrière-garde d'un corps d'armée se retirant par la route
Nemours - Sens et devait retarder l'ennemi au défilé de
Chéroy. Le gros était en avant de Chéroy et deux bataillons (j'étais alors lieutenant à l'un des deux) étaient provisoirement derrière un petit bois, près des Petites-Barreries, dissimulés dans un ravin à l'abri de ce bois. Pendant que le fort du combat se livrait vers la lisière ouest
de Chéroy, le général se trouvait avec nous et nous
expliqua sa formation d'attaque décisive pendant que nous
entendions la fusillade et le canon ; la seule répétition
allait en être faite au moment de l'application (carte au
1/80.000e; Sens S.-O.).

Les deux bataillons devaient donner dans le flanc de
l'ennemi, en conversant à droite, et dans la formation suivante : en échelons de bataillons, les compagnies en ligne
déployée ; dans chaque bataillon, la première en pointe,
les deux suivantes débordant légèrement la compagnie de
tête, la quatrième couvrant derrière la 1re ; 100 mètres
de distance au plus entre les échelons.

Les compagnies étant à 180 hommes (nous étions à ce
moment-là à effectifs respectables), il y avait donc à peu

près 1.500 hommes sur six lignes, dans une profondeur de 4 à 500 mètres au plus. Avec cela, on peut donner un magistral coup de poing. On était loin des formations diluées, de la poussière d'hommes, et cependant on ne formait pas une masse compacte.

J'ai vu, dans ces mêmes manœuvres, des attaques de front faites de la même façon, et je ne doute pas que, dans la réalité, elles aient réussi.

Aujourd'hui, il est évident qu'on prendrait des formations encore plus minces ; nous étions sur deux rangs, on se mettrait sur un ; nous étions debout et il le fallait bien ; pour l'assaut, on prendrait des positions successives, couché, mais certainement les lignes seraient plus rapprochées, car les bonds seraient excessivement courts, et les masques construits par les échelons successifs serviraient aux différentes lignes, mieux, aux différents groupes — jusqu'au moment où la masse tout entière, concentrée, mais disposée sur une certaine profondeur, se lancerait à la baïonnette.

Je viens de parler des bonds. C'est ici le moment de faire une remarque : dans nos exercices, nous les faisons toujours beaucoup trop longs. La question de marche en avant est ici liée à une question de tir.

J'éclaire ma lanterne et, pour cela, je me reporte à la guerre sud-africaine. On a pu se demander comment les Boers, dans les quelques cas où ils ont pris l'offensive, étaient arrivés à marcher contre les Anglais en position, postés et de beaucoup supérieurs en nombre, à tirer tout en annihilant le tir de leurs adversaires, et finalement à les prendre au gîte comme des lapins ; car non seulement les Anglais ne pouvaient plus reprendre l'offensive, mais ils n'osaient même plus reculer ; ils étaient rivés au sol et complètement terrorisés (combat de Spion-Kop en particulier). Cela s'explique par la marche des Boers. Lorsqu'ils arrivaient dans la zone dangereuse, ils marchaient par groupes de quelques hommes, ou même individuellement, par bonds très courts, de 15 à 20 pas, ce qui, étant donnée la rapidité de la course, exigeait au plus six secondes.

Pendant ce temps, que se passe-t-il chez l'Anglais ? Celui-ci n'est pas perpétuellement sur le qui-vive ; car ce serait, surtout pour l'œil, une fatigue à laquelle l'homme ne pourrait résister longtemps. Or, un Boer se lève brusquement et exécute son bond. L'Anglais est un soldat lent ; il met une à deux secondes pour reprendre ses esprits et vaincre le flegme britannique, puis au moins trois ou quatre secondes, si ce n'est plus, pour lâcher son coup de fusil. Donc, au total, au moins six secondes.

Pendant ce temps, le Boer a fait un saut et s'est aplati sur le sol, et alors de deux choses l'une : ou l'Anglais n'a pas eu le temps de tirer, ou il a envoyé sa balle dans la lune... ou dans le veldt, ce qui est tout comme.

D'autre part, les voisins de celui qui a exécuté le bond en avant étaient, eux, sur le qui-vive, et aussitôt qu'un ennemi se découvrait, ils lui envoyaient rapidement et presque sûrement une balle, de sorte qu'au bout de peu de temps les Anglais n'osaient plus non seulement tirer, mais même se montrer. Résultat : prise des Anglais dans leurs positions.

Revenons à Beaune. Si, là, les attaques ont échoué, c'est d'abord — et je le répète encore — que nous avions beaucoup d'hommes (oh ! de braves gens et des gens braves ; ils l'ont montré), mais peu de vrais soldats. Que MM. les partisans des milices étudient de près les actions autour de Beaune et ils seront bien forcés, s'ils sont de bonne foi, de convenir que leur doctrine est fausse et constitue une véritable utopie. Ah ! oui, ils sortiront leur seul argument: « Et les soldats de la Révolution, et les volontaires des armées de la République ! » Ils n'oublieront qu'une chose : « Et les vieux soldats des armées royales, qui étaient la solide carcasse de tout l'organisme ! Et l'amalgame qui, seul, donna la force et la consistance à la masse ! » Mais il n'est pire aveugle que celui qui ne veut pas voir, pire sourd que celui qui ne veut pas entendre.

Or, ces hommes de Beaune, pourquoi ne pas dire tout de suite qu'on ne pouvait compter sur eux isolément ou même en petits groupes, à cause de leur manque d'instruction militaire ? On était alors obligé de les lancer en masses épaisses, en colonnes serrées, où le feu des Allemands avait beau jeu.

Que ferait-on avec des troupes instruites ? Encore une fois, il ne peut y avoir de cliché. Je citerai deux exemples absolument différents de la façon dont opérèrent les Japonais.

Le capitaine Serge Nidvine, dans son étude si intéressante *La Baïonnette*, dit ceci :

« A l'assaut de Namaokayama, le 21 septembre 1904, le 1er régiment d'infanterie japonais se lance à l'assaut à 5 heures du soir. Les compagnies se mettent en marche en ligne déployée, sur deux rangs, baïonnettes croisées. En gravissant les pentes, le régiment présentait un front de deux compagnies ; deux colonnes accolées, fortes chacune de six compagnies, marchaient ainsi à 6 pas les unes derrière les autres. Cette charge réussit.

En voyant ce dispositif, ne se croirait-on pas revenu au temps du premier Empire, où les fusiliers s'avançaient jusqu'à 80 pas et les canonniers jusqu'à 400, pour ne pas manquer le but... ou pour le manquer le moins possible ?

Un autre exemple est celui qui paraît devoir être le plus classique, et que je trouve dans l'ouvrage de Réginald Kann : *Journal d'un correspondant de guerre en Extrême-Orient* :

« Tout à coup, au revers d'un talus, une mince ligne jaune apparaît. Ce sont les fantassins japonais qui ont mis sac à terre et commencent l'attaque. Pour celle-ci, on a fractionné les lignes en groupes de 12 à 20 hommes, à la tête de chacun desquels est un gradé. On leur a désigné l'objectif à atteindre ; c'est le seul ordre qu'ils recevront.

» La première ligne bondit hors des tranchées. Les chefs de groupe se jettent en avant, courant de toutes leurs forces jusqu'à la ride de terrain la plus proche, où ils se couchent à terre ; leurs fractions les suivent, chaque homme ayant pour unique préoccupation d'arriver le plus vite possible à l'endroit où il pourra s'aplatir.

» Sur toute la profondeur de la zone d'attaque, on aperçoit ainsi les groupes disséminés sur le glacis, les uns couchés, les autres rampant, d'autres en pleine course. Les 900 mètres à parcourir jusqu'aux défenses ennemies sont parcourus de la sorte ; là, ce qui reste de la première ligne s'arrête derrière un talus de terre élevé par les Russes pour dissimuler leurs fils de fer.

» Lorsque cette première ligne a parcouru la moitié du chemin qu'elle a à faire, la deuxième quitte les tranchées abandonnées par la première et se lance sur ses traces en opérant comme elle.

» Six vagues successives grimpent ainsi le glacis et viennent rejoindre la première. Pendant ce temps, d'héroïques volontaires ont coupé les fils de fer. Puis tous se lancent au milieu des fils de fer, qui, malgré tout, empêchent l'assaut de réussir.

» Celui-ci a duré *une heure dix.* »

(Bataille de Liao-Yang.)

Nous voilà bien loin de nos assauts des manœuvres, qui durent à peine quelques minutes.

A Beaune, l'artillerie de l'époque préparait les attaques. Ainsi, avant le deuxième assaut du cimetière, trente-six pièces concentrent leur feu sur cet étroit espace. A 1 h. 1/2, l'artillerie se tait ; aussi, chez les Allemands, chacun sait ce qui va arriver : du moment que l'artillerie ne tire plus, c'est que l'infanterie va donner. On ne peut être plus galant ; c'est comme si on disait aux autres : « Maintenant, Messieurs, c'est à votre tour ! » Les Allemands voient venir nos colonnes d'assaut et sont bien obligés de se démasquer pour tirer.

Pendant ce temps, notre artillerie se tait. C'était, il semble, le moment pour elle de redoubler son feu, et, après avoir préparé l'attaque, de *l'appuyer*. Il est certain que les obus continuant à pleuvoir sur les Allemands, beaucoup plus vulnérables à cet instant, leur feu de mousqueterie n'aurait pas eu cette précision qui nous fut si fatale.

« Comment ! diront les sentimentaux à l'âme tendre ; mais si les obus français avaient atteint nos hommes ! » La belle affaire ! En supposant que quelques-uns fussent atteints, il y en aurait peut-être eu quelques centaines épargnés par les balles allemandes. Il est d'ailleurs à noter que l'artillerie française tirait sur un but immobile, et qu'elle aurait pu facilement régler son tir, qui, dès lors, était immuable.

En outre, on a constaté que, lors du premier assaut du cimetière, le premier cadavre français en était à 80 mètres, les derniers à 320 mètres. Au sud du cimetière, le premier cadavre — un capitaine de zouaves — était à 30 mètres et la zone des cadavres s'étendait de 40 à 250 mètres. Aux Roches, aucun homme ne s'approcha à moins de 100 mètres de la position allemande. L'artillerie aurait donc pu tirer jusqu'à la fin des attaques de l'infanterie.

On a reproché au général Crouzat de ne pas avoir fait tirer son artillerie sur la ville même, et on lui a prêté ce propos « qu'il ne voulait pas bombarder une ville française ». Si c'est vrai, c'est vouloir faire de la guerre à l'eau de roses.

Dans une conférence que le colonel Taverna, commandant le 82ᵉ, faisait à ses officiers sur les grandes manœuvres de Brienne, et où, incidemment, il fut question de Beaune, il nous disait à ce propos : « Quand on fait la guerre, il ne peut être question de sentiment ; il faut la faire avec *férocité*. »

C'est assez mon avis (1).

----

(1) Voir lieutenant-colonel MONTAIGNE : *Etudes sur la guerre*, p. 209 et 308, et, en outre :

« La guerre est œuvre de passion extrême et de volonté implacable, de haine et de férocité. Elle veut être faite avec un cœur dur, exaspéré, impitoyable à soi et à l'adversaire. » (*Id.*, p. 342.)

« Le véritable esprit de la guerre est l'esprit de destruction, de meurtre. Le but immédiat du combat, ce n'est pas la victoire, c'est tuer ; et l'on ne marche que pour tuer, et l'on ne tire que pour tuer, et l'on ne saute à la gorge de l'ennemi que pour tuer, et l'on tue jusqu'à ce qu'il n'y ait plus rien à tuer.

» Aussi la passion de la guerre par excellence, c'est la passion meurtrière par excellence : l'esprit de vengeance, la haine. » (*Id.*, p. 342.)

« La même passion de haine, ardente et féroce, la même soif de sang, la même volonté d'anéantissement, doit inspirer et animer tous les gestes et tous les actes de la guerre. » (*Id.*, p. 343.)

CONCLUSION

Je n'en dirai pas plus sur ces événements. Leur étude en est malgré tout réconfortante. Si nos mobiles et nos conscrits ont pu recommencer par cinq fois l'attaque décisive, à découvert contre un ennemi abrité, ayant le moral du vainqueur exalté par les succès antérieurs ; s'ils ont montré une telle bravoure et cette ténacité qu'on refuse à notre race, il faut bien reconnaître qu'aujourd'hui, que demain — organisés, instruits, commandés, conduits — les descendants de ces braves auront encore quelques chances de leur côté.

Ils viennent encore de le montrer au Maroc.

Ils le montreront partout ailleurs où le besoin s'en fera sentir.

TABLE DES MATIÈRES

PREMIÈRE PARTIE

LA CAVALERIE ALLEMANDE DANS LE GATINAIS EN 1870

V

Journée du 26.

VI

Journée du 27.

VII

Journée du 28.

DEUXIÈME PARTIE

LA BATAILLE DE BEAUNE LA ROLANDE

(A) *La bataille à l'aile gauche française*

Attaque et défense de Beaune.

I

Evénements qui amènent la bataille de Beaune.

II

Position de Beaune-Longcourt.

V

Après la bataille.

TROISIÈME PARTIE

OBSERVATIONS ET ENSEIGNEMENTS

I

Les troupes en présence.

II

Etat matériel de l'infanterie.

LES MARCHES.

III

IV

V

Combat de localités.

VI

VII

VIII

Les munitions.

IX

X

XI

————

Paris et Limoges. — Imp. et libr. milit. Henri Charles-Lavauzelle.

Librairie militaire Henri CHARLES-LAVAUZELLE
PARIS ET LIMOGES

Général ZURLINDEN, ancien ministre de la guerre. — **Hautes études de guerre.** — **Haut commandement.** — **Avancement.** — Volume in-8° de 144 pages.. 3 »

Général LAMIRAUX. — **Etude sur le fusil modèle 1886 et sur son rendement dans le tir individuel et dans le tir collectif.** — Volume in-8° de 384 pages, avec 23 croquis............................... 5 »

Général LAMIRAUX. — **Etudes pratiques de guerre.**
Tome I (4e édition). — Volume grand in-8° de 314 pages, accompagné de 20 croquis ou cartes dans le texte, broché.................... 6 »

Tome II. — Volume grand in-8° de 448 pages, accompagné de 46 croquis, broché.. 8 »

Général LAMIRAUX. — **Etudes de guerre : la manœuvre de Soult** (1813-1814). — Volume grand in-8° de 482 pages, avec 15 croquis dans le texte.. 8 »

Général LALUBIN. — **Dans quelle mesure l'infanterie peut-elle compter sur l'artillerie pour appuyer son attaque ?** In-8° de 168 pages... 3 50

Général LALUBIN. — **Considérations stratégiques sur la campagne de 1800 en Italie.** — In-8° de 188 pages, avec 2 cartes hors texte...... 3 »

Général LE JOINDRE. — **Tirs de combat individuels et collectifs** (2e édition mise à jour). — Volume in-8° de 144 pages, 20 figures, broché... 3 »

Général PHILEBERT. — **En vue de la guerre.** — Volume in-18 de 14 pages... 2 »

Général PHILEBERT. — **La 6e brigade en Tunisie,** orné d'un portrait du général, de 13 gravures et d'une carte en couleurs hors texte du théâtre des opérations. — Volume in-8° de 232 pages, broché................. 5 »

Général H. CREMER. — **Arbitrages et conventions des manœuvres.** — Brochure in-8° de 24 pages avec 2 croquis dans le texte.............. » 60

Général LUZEUX. — **Notre politique au Maroc.** — Volume in-8°. 3 50

Général LITZMANN, ancien directeur de l'Académie de guerre de Berlin. — **Thèmes tactiques et jeu de la guerre.** Contribution à l'instruction tactique de nos officiers. Comment poser et résoudre des thèmes tactiques. Introduction à la pratique du jeu de la guerre, traduit de l'allemand par le capitaine CORTEYS, du 140e régiment d'infanterie. — Volume in-8° de 214 pages, avec 3 cartes hors texte, broché........ 5 »

Général LITZMANN, ancien directeur de l'Académie de guerre de Berlin.— **Exercices de service en campagne pour officiers.** Préparation et Direction. Critique par le Directeur. Compte rendu par les chefs de parti, traduit de l'allemand avec l'autorisation de l'auteur, par A. G. — Volume in-8° de 162 + XVI pages, avec trois croquis et une carte hors texte... 4 »

Général ALBERT POLLIO. — **Waterloo (1815),** avec de nouveaux documents. Traduit de l'italien par le général GOIRAN. Grand in-8° de 642 p., avec couverture illustrée en couleurs, 11 gravures et 5 cartes en couleurs hors texte... 12 »

Général DEVAUREIX. — **Souvenirs et observations sur la campagne de 1870** (*armée du Rhin*), depuis son départ du camp de Châlons jusqu'à la capitulation de Metz. Travail rédigé par l'auteur durant sa captivité à Lübeck, d'après ses notes personnelles prises jour par jour, comme lieutenant au 66e d'infanterie. — In-8° de 746 pages, avec appendice : siège de Paris contre la Commune, broché 7 50